未来を拓く
人文・社会科学

10

「対テロ戦争」の時代の平和構築

過去からの視点、未来への展望

黒木英充 編
KUROKI, Hidemitsu

東信堂

はじめに

九・一一事件やイラク戦争を通じて、二〇世紀型の戦争認識が修正を求められ、紛争予防のための諸制度が機能不全を呈していることが、今や明らかになっている。しかし、この現実に立ち向かうための新たな枠組みはいまだ形成されておらず、国家や非国家組織による戦争、政治的暴力が各地で人間の安全を脅かしている。

このような状況下で、研究者に何ができるだろうか？　平和構築という目的に向けて、政治的な暴力が抑止され、多様な文化や価値観が保障される仕組みを構想することが、喫緊の課題であることは確かだろう。

こうした問題意識に基づき、日本学術振興会人文・社会科学振興プロジェクト事業の「平和構築に向けた知の展開」プロジェクトは、次の三本の柱により構成された。

（一）「人間の安全」が世界各地でどのように捉えられてきたか、逆に「非安全」な状況がなぜ出現したのかを、具体的な地域に足場を置いて明らかにするとともに、そこに根ざした解決の可能性を検討する。（「地域研究による『人間の安全保障学』の構築」グループ）

（二）「人間の安全」が極限的に破壊される状況として「ジェノサイド」を多角的に問題とし、その発生過程を解明するとともに、予防策を総合的に追究する。（「ジェノサイド研究の展開」グループ）

（三）二〇世紀以降の世界を最も強く規定してきた「アメリカ」を根底から捉え直すとともに、その研

究のあり方自体も多方向的な国際環境の中に位置づける。(「アメリカ研究の再編」グループ)

地域研究、歴史学、政治学、法学、人類学、社会学、開発研究、経済学、文学といった人文・社会科学のさまざまな専門分野から、国境を越えて研究者が集まり、さらに医学や農学、生態学の研究者も加わり、刺激的なフォーラムが形成されてきた。そして紛争現場に携わるNGOの実務家、法曹関係者、行政官、作家、写真家や映画監督も招き、世界各地の事例をもとにして熱気のこもった議論を行った。

その成果の一部として本書『「対テロ戦争」の時代の平和構築――過去からの視点、未来への展望』をお届けする。本書は中東・コーカサス・バルカンを中心として、東南アジアとアフリカの事例を扱っているが、東アジアやラテン・アメリカ、南アジアの問題はカバーしておらず、また方法論の点からも網羅的な構成とはなっていない。しかし、ジェノサイド論やアメリカのグローバルな戦略をテーマとする論考があることで、地球規模の視野を確保したと考えている。

「破壊は一瞬、建設は死闘」という言葉がある。「平和構築」という言葉は耳に快いものだが、現場で実際に構築に関わる人々の苦労は並大抵のものではない。そして、あらゆる人が何らかの形で関与することができるこの作業も、まずは世界各地の過去と現在の事例を、研ぎ澄まされた眼で丹念に見直すことから始まる。一瞬の破壊の可能性を見据えながらも、人は休むことなく石を積み上げねばならないのだ。

本書が、読者の手にする石の一つとなることを願っている。

編　者

目次／「対テロ戦争」の時代の平和構築——過去からの視点、未来への展望——

装丁：桂川 潤

◆本書を読むためのキーワード

テロリズム

政治的暴力の一つだが、定義は存在しない。「テロル」が意味する「恐怖」が政治的用語として最初に定着したのは、フランス革命直後の一八世紀末、ジャコバン派が政権安定のために反対派を多数処刑した恐怖政治のときである。逆に、体制転覆を謀って要人を暗殺することも、長らくこの言葉で表現されてきた。現在、多くの人々の間で共有されている理解は、「非政府組織が政治的目的をもって一般市民に対して行使する、恐怖心を煽るような殺人的暴力行為」であろう。しかしこの理解の最大の問題は、暴力行使者を悪魔化してその動機を考えることを拒否すると同時に、政府組織をこの枠から除外することにより、それが行使する暴力(戦争を含む)を免罪しがちになることである。二〇〇三年のイラク戦争開戦時に、アメリカ政府がこの軍事作戦を「衝撃と畏怖」(Shock and Awe)と名づけたが、まさにこの戦争が「政府組織が政治的目的をもって一般市民に対して行使する、恐怖心を煽るような殺人的暴力行為」であることを、図らずも吐露したものであった。

対テロ戦争

二〇〇一年の九・一一事件以後、アメリカが中心となって地球規模で展開し始めた「テロリスト」に対する戦争。日本も後方支援その他でこれに参加している。九・一一の直後、アルカーイダの指導者ウサーマ・ビン・ラーディンとその協力者に対してジョージ・W・ブッシュ大統領が「宣戦布告」し、同年中のアフガニスタンのターリバーン政権に対する戦争、二〇〇三年のイラクのフセイン政権に対する戦争へと展開した。一方、イスラエルのパレスチナ人弾圧も以前より「テロリスト掃討」とされており、二〇〇六年夏のレバノン攻撃もヒズブッラーをテロ組織と指定するアメリカの支援を受けた。その後イランやシリアも次の標的として取り沙汰されてきた。「テロリズム」に定義がなく、恣意的に用いられるため、対テロ戦争は、ロシアの対チェチェン戦争、中国のウイグル人・チベット人弾圧などあらゆるものに適用可能で、「万人の万人に対する戦争」に発展しかねない危険性を孕む。

ジェノサイド

国連総会が一九四八年に採択したジェノサイド条約によれば、ジェノサイドとは、国民的、民族的、人種的又は宗教的な集団の全部又は一部を集団それ自体として破壊する意図をもって行われる、(a)集団構成員の殺害、(b)集団構成員に重大な肉体的又は精神的な危害を加えること、(c)集団の全部又は一部の身体的破壊を目的とした生活条件を集団に強制すること、(d)集団内の出生を妨げることを意図した措置の実施、(e)集団の子どもの他集団への強制的移送、のいずれかの行為。「集団の全部又は一部」の表現から明らかなように、規模の大小よりも、「集団それ自体として破壊する意図」すなわち集団抹殺の目的が認められるかどうかが重要である。ただし、ある集団に対する大規模な暴力をジェノサイドとして「国際社会」が認定するか否かは、そのときどきの政治に左右される。ジェノサイドは決して過去だけのものではなく、現在そして将来も人類が犯しかねない問題である。それゆえにジェノサイド研究は、過去の事例研究から未来の予防のあり方までを視野に入れるものである。

民族浄化

ある地域に複数（しばしば二つの）の民族が存在するとき、ある特定（二つのうち一つ）の民族を異物と見なしてその地域から抹消することにより、その地域を「清浄」にすること。異民族間の武力衝突を伴う排他的敵対関係や内戦状況が存在したり、単一民族による国民国家を創り出す気運が高まっていたりする場合に起こる。一九九〇年代前半、旧ユーゴスラヴィア領での内戦においてクロアチアが反セルビアキャンペーンのためにアメリカの広告代理店を使ってこの言葉を大々的に広め始めたが、それはやがてボスニアにおけるセルビア人勢力による対ムスリム戦を指して集中的に使われ、人口に膾炙することとなった。破壊的攻撃が双方向的に見られたにもかかわらず、ある政治的目的からある特定集団だけがこの言葉によって悪魔化されたことになる。このためこうした言葉が使われるときには、情報操作の危険性に留意しながら、全体像を正確に見極める必要がある。

平和構築

武力衝突を伴った紛争、内戦、戦争が終結した後、それが発生した地域において、和解を実現すべく、より恒常的な安定状態を積極的に創り出すための政治的・社会的・経済的・学問的営みの総体。さらには戦闘終結やその直後の武装解除も含めた紛争解決や、紛争を未然に防ぐための営みにまで拡張して使われることもある。これを研究対象とする場合、実務家を交えた実践的な知を体系化すること、過去の事例を可能な限り収集し、それぞれの地域的文脈に位置づけて徹底的に分析すること、紛争と共存に関する政治・社会・宗教思想を研究することが必要になる。

人間の安全保障

安全保障と言えば国家間のそれを指すことが当然視されていた中で、一九九四年に国連開発計画が唱え始めたところの、個々の人間に立脚した安全保障の構想。そこでは、低開発国や破綻国家における貧困問題や環境問題の解決といったテーマから、冷戦後多発した民族紛争や内戦、人権を無視した独裁体制下の人々の安全確保といった問題までを包括的に捉えるべきと認識されていた。右の「ジェノサイド」や「民族浄化」といった事態は、人間の安全が極限的に破壊されたものと言える。日本をはじめとするいくつかの国は「人間の安全保障」を外交政策の一つに掲げて経済援助や平和構築活動への参画に当たっている。そこでは、「国家の安全保障」と「人間の安全保障」が相互補完的な関係にあると認識されているが、両者が対立し相矛盾する例は世界各地で多々見られる。逆説的ながら「人間の安全保障のための対テロ戦争」と表現しうる事態すらある。「人間の安全保障」がこれから学問的・行政的分野でより豊かな内実を獲得できるかどうかは、真に非安全な状況下に置かれた人間の立場から諸問題を編成し直して、従来の「国家の安全保障」を乗り越える地平に到達できるか否か、にかかっている。

アメリカ帝国論

冷戦終結後、唯一の超大国として立ち現れたアメリカ合衆国を、現代の新たな帝国と見なす議論。アメリカがその超絶した軍事力を背景に、一九九一年の湾岸戦争以降、新世界秩序の構築・維持の担い手として軍事的な対外介入を積極的に行い、九・一一事件以後は先制攻撃論を掲げた単独行動主義をあらわにするに及んで、この議論は広く人々に受け入れられた。国連をはじめとする国際機関でもアメリカ抜きでは運営が考えられない状況がいっそう強まり、グローバル化なるものはアメリカ的基準を世界各国が受容して自らの体質を変えることであるとも受け止められた。ここで注意すべきは、こうした事象に「帝国」の用語を当てはめて理解した気になるのではなく、アメリカの自国イメージと対外介入の論理をより長いスパンの中で発展的に捉えることである（たとえばアメリカ体制異質論は、建国当初から姿を変えながら現在まで連綿と続いている）。また、アメリカの対外介入を逆手にとって、これをさまざまな形で利用しようとする勢力が世界各地に存在するが、ここでは相互に利用するつもりが利用される、表裏入れ替わる関係に留意すべきである。このような直接・間接の影響力も含めて、現在の世界における平和構築を考える上で、アメリカが最重要のファクターであり、アクターであることは間違いない。

※編者作成

「対テロ戦争」の時代の平和構築——過去からの視点、未来への展望——

第1章　「対テロ戦争」の克服と平和構築

黒木　英充

一　「テロとの闘い」？

「テロとの闘い」は、しばしば耳にする言葉である。現在の世界で「平和構築」を考える場合には、まず第一に必要だと考える人も多いだろう。しかし、そもそも「テロとの闘い」とは何だろうか。日本政府の見解を検討するために、二〇〇七年一一月一日の福田康夫首相の談話の一部を、首相官邸ホームページから引用させていただく。

（前略）国際社会による「テロとの闘い」は道半ばです。九・一一のテロ攻撃での犠牲者は三〇〇〇人近くに上り、日本人二四人も犠牲となりましたが、その脅威は今なお除去されていないのが現実です。テロリズムは、自由で開かれた社会に対する挑戦であり、「テロとの闘い」は、我が国自身の国益に関わるものです。（中略）

「テロとの闘い」における国際社会のさまざまな努力の中核は、アフガニスタンを再びテロの温床としないための取組です。民生・復興支援の分野では、我が国は一四〇〇億円以上の支援を行っており、世界第二の支援国となっています。（中略）

しかしながら、復興支援のみではテロを根絶することはできず、テロリストの掃討・治安対策があってはじめてこうした支援も実を結びます。アフガニスタンにおいては、四〇カ国以上が尊い犠牲を出しながらも忍耐強く治安回復のための活動を続けています。（後略）

この談話は、インド洋上での米軍艦船などへの自衛隊による給油活動をめぐる法案に関して、出されたものである。順番を若干入れ替えて整理し、簡単にすると次のようになる。

①テロリズムは九・一一事件のように自由で開かれた社会(日本もその一員)を脅かすものだ。

②テロリズムは根絶しなければならない。

③アフガニスタンが九・一一事件の震源地であり、今もテロリストが存在する。復興支援だけではテロリストの殲滅は不可能で、武力行使が必要だ。

④この(アフガニスタンを中心とする)「テロとの闘い」は道半ばだ。

順を追って吟味していこう。

①は、九・一一事件直後にアメリカのジョージ・W・ブッシュ大統領が議会で行った演説、すなわち、「テロリストがわれわれを攻撃したのはわれわれの自由を憎悪しているからだ」という議論を下敷きにしている。ただ、ふつう「テロリズム」という場合、それは何も自由な社会だけを標的にしたものではなく、抑圧的政府の指導者を暗殺してその体制をひっくり返そうとすることも指す。というよりも、本来この種の暴力のほうを意味していたのである(弘文堂『政治学事典』の「テロリズム」項目を参照せよ)。首相談話は、ことさらに九・一一事件に引き寄せて「テロリズム」を位置づけているようだ。

②の命題は、おそらく誰も否定できないだろう。もっともなことである。ただし、何がどうなったら根絶したと言えるのか、という問いを立てると、急に靄がかかったようにわからなくなる。たとえば、

「犯罪を取り締まる」ならばわかるが、「犯罪を根絶する」といった政策目標を、私たちは現実的だとは思わない。そこで③の方向に導かれる。

③では、とにかくアフガニスタンからテロリストを消滅させれば、大きな達成だと言えるのだ、との認識が示される。もっとも、九・一一事件そのものについては、まだまだ謎が多く、さまざまな知を結集した科学的な検証が必要である。ただ、当時アフガニスタンに本拠を持っていた「アルカーイダ」がこの事件を計画・実行したと仮定しても、次のような疑問が浮かんでくる。ここで言う「テロリスト」とはアルカーイダだけなのか？　それとも当時アルカーイダをかくまっていて、二〇〇一年に米軍の攻撃を受けて潰走し、今なおアフガニスタン政府とＮＡＴＯ（北大西洋条約機構）軍などを脅かすターリバーンも含むのか？　首相談話はこれについて何も語っていないが、おそらく現在の国際政治上の常識からすれば、含むのだろう。ではターリバーンの支持者は？　アフガニスタンでアルカーイダとターリバーンのメンバー、さらにはその支持者をすべて殺戮・逮捕すれば、目的を達するのか。そもそもどこにどれほどいるのか、雲をつかむような話ではないのか。パキスタンやウズベキスタンにまで網を広げなくてよいのか。現在、アフガニスタンもさることながらイラクのほうがアルカーイダの活動がずっと活発ではないのか。東南アジア諸国はどうなのか。疑問は尽きない。

そして④の結論である。「テロとの闘いは道半ば」とは、何ともロマンチックな表現である。高い理想を目指して努力するとき、人はこのような気持ちになるものだ。ただし、ここで翻訳と読み替えの問題が浮上する。日本がインド洋上で給油により協力する軍事作戦が「対テロ戦争」（War on Terror（Terrorism））

の一環であることは、紛れもない事実である。この談話を報じた『ジャパン・タイムズ』が、

The international community's war on terrorism is still only midway done.

と訳したのは、現在の国際情勢と日本政府が成立を望む「テロ新法」なるものの性格に鑑みて、的確である。しかし外務省のホームページでは、

The "fight against terror" by the international community is still on going.

と訳されている。「ファイト」は子どものケンカも指すわけで、なるほど日本語では「闘い」という、日本人の耳目に馴染みやすい言葉が使われていたのだ。外向け（＝アメリカ向け）には「対テロ戦争」と解釈されることを望みつつ、もっぱら内向けに曖昧な言葉で戦争と殺戮の色を薄めるよう、巧妙にぼかしているのである。

もう一つ注意すべきは、外務省ホームページでは「道半ば」が「まだ続いている」と、これまた巧みに意訳されていることである。「道半ば」なら、どこまで行けば「道を歩ききった」ことになるのか、という話になるから、英語版ではこの問いを未然に封じているのだ。

対象も目標も曖昧で、何を指すのか意味不明、手段だけが異様にはっきりしている不思議な談話なのである。

二　「対テロ戦争」の実態

「対テロ戦争」は、二〇〇一年九月一一日以来、実際に進行中の、正真正銘の「戦争」である。ニューヨークの世界貿易センタービルとワシントンの国防省に攻撃が加えられた直後から、これは「カミカゼ」による「新たな真珠湾」であると大々的に報じられた。太平洋戦争の記憶を蘇らせることにより、アメリカ国民は「戦時下」にあるとの意識を急速に高めた（この事態はまさに日本人の歴史認識が根底から問われる局面であった）。そしてアメリカ政府は、アフガニスタンに潜むウサーマ・ビン・ラーディンを、早々に事件の首謀者と断定した。そして同国を統治していたターリバーン政権にその身柄引き渡しを要求するも、九・一一事件関与の証拠の提示を求められたため、これを拒絶、一〇月七日にアフガニスタン爆撃を開始するに至った。二カ月でターリバーンは軍事的にいったん壊滅したものの、ゲリラ的攻撃能力を徐々に回復し、内戦状態は六年越しに今日まで続いている。そしてビン・ラーディンの行方は杳《よう》として知れない。

次の「対テロ戦争」の戦場はイラクとなった。イラン、北朝鮮と並んで「悪の枢軸」とブッシュ大統領に名指しされていたサッダーム・フセイン政権は、アルカーイダとのつながり、大量破壊兵器の隠匿といった、いずれも当時疑問視され、今日偽りであることが明らかな理由をもって、米英軍の大規模攻撃を受けることになった。二〇〇二年一一月に国連安保理で全会一致により可決された第一四四一号決議は、イラクに大量破壊兵器廃棄の最後の機会を与えるというもので、これが即座に戦争の理由とならないことは安保理構成国の間で合意されていた。ブッシュ政権もこの理解を共有していたので、二〇〇三年になってから戦争を可能にするための新決議を採択しようと躍起になったが、不可能と見るや、今度はこの第一四四一号をもって開戦理由としたのであった(日本政府が開戦を「支持」したことは、今一度確認しておこう)。二〇〇三年三月開戦、四月上旬にはバグダード占領という急速な展開を見たが、そもそもイラクが一九九一年の湾岸戦争とその後一〇年以上の経済制裁を受けて国防力を劇的に衰弱させていたので、短期決着は当然のことであった。

しかし、その後アメリカ政府は一〇万を超える軍隊を駐留させながらイラクの戦後統治体制づくりに失敗し、今日イラクは政府・議会を持ちながらも、アルカーイダをはじめ諸々の暴力組織・民兵団が入り乱れ、事実上の内戦状態にある。それだけでなく、北部のクルディスタン自治区は独立国家への道を歩み始めているが、ここを拠点にトルコ国内にゲリラ攻撃を仕掛けるクルディスタン労働者党の存在をめぐり、二〇〇七年末からトルコ軍の越境攻撃を受けている。クルド人は推定人口三〇〇〇万、トルコ、イラク、イラン、シリアにまたがって居住しており、独立国家樹立を悲願としている。イラクのクルディスタン自治区に近接するキルクーク油田の帰趨も絡んで、中東の国家体制を根本から液状化させる戦争の可能性が高まっている。トルコ政府はクルディスタン労働者党をテロ組織としており、アメリカ国務省も世界テロ組織一覧に同党を加えている。新たな「対テロ戦争」が始動しつつあるのかもしれない。

アフガニスタンにせよイラクにせよ、この五、六年間の戦争・内戦による現地人の死者数は明らかではない。米軍やNATO軍の兵士の死者数は公表されるが、「仕方のない」「付帯的」死者として片づけられるアフガニスタン人、イラク人はまさに「死人に口なし」である。イギリスとアメリカの民間団体「イラク・ボディ・カウント」によれば、報道機関と病院などからの情報収集により、戦争とそれに付随した事件で死亡が確認されたイラク人の数は、二〇〇三年三月の開戦から二〇〇七年一一月に至る四年八カ月の間で、八万二九八から八万七七〇九にのぼるという。ジョンズ・ホプキンス大学ブルンバーグ公衆衛生大学院では、親族や知り合いが殺されたという情報を統計学的に処理し、イラク全体での推計値を出しているが、二〇〇六年七月までの戦争など暴力による死者数を六五万四九六五人と推計している。この方法を援用した民間団体「ジャスト・フォーリン・ポリシー（正当なる外交政策）」は、二〇〇七年末までで一一三万九六〇二人という死者数を推計している。二〇〇八年一月になって、世界保健機構とイラク保健省の戸別調査に基づいた推計値として一五万一〇〇〇という死者数がはじき出され、これが現在イラク政府公認の数値とされている。このように論争になるような推計値しか出されないところに、「対テロ戦争」の姿の一つが現れている。確かなのは、二〇〇一年以来すでにわれわれの目の前で、無《む》辜《こ》の人々の大量死を直接・間接に引き起こしていることである。

そして、かねてより中東で「対テロ戦争」に邁進している国が、イスラエルである。九・一一事件よりもはるか以前、一九八二年のレバノン戦争の頃、レバノン領内からイスラエルを攻撃するパレスチナ人を「テロリスト」と呼び、イスラエルと共闘するレバノンのキリスト教徒民兵を使い、難民キャンプにてわずか三日間で約二〇〇〇人もの民間人殺害を行わせたのだった（サブラー・シャティーラーの虐殺事件）。占領と軍事的抑圧に抵抗するパレスチナ人にテロリストというレッテルを貼ってこれを殲《せん》滅《めつ》する動きは、それよりさらに以前の一九七〇年代から始まっていたのであり、板垣雄三も指摘するとおり、「対テロ戦争」の唱道者としてはイスラエルのほうがむしろ老舗であって、アメリカがこれを受け継いで世界化した、と言える(板垣二〇〇七)。二〇〇〇年九月から二〇〇七年一一月までの最近七年間だけで、三五三四人のパレスチナ人民間人がイスラエル軍によって殺害され、さらに九二八人のパレスチナ人がイスラエル軍との戦闘で殺されている(パレスチナ人権センターのデータより)。その後もガザを中心に毎日のようにパレスチナ人の殺害が続いている。他方、二〇〇六年夏にはレバノンに猛爆撃を加え、ヒズブッラーの壊滅を目指したが、これにより命を奪われた一二一四人のレバノン人のうち、民間人は九割以上にのぼった。詳しくは第8章に譲るが、これもアメリカ政府と足並みをそろえて「テロ組織」と指定するヒズブッラーに対する「対テロ戦争」の残した数字である。

なお、ここでは死者数のみ挙げたが、この背後には数倍の重傷者がおり、さらに数倍の家族・親族らが心に深刻な傷を負っていることを忘れてはならない。

ほかにも、二〇〇六年から〇七年にかけてエチオピア政府がソマリア内戦に介入した際、首都モガディシオを支配し国土の実質的な統治機構を形成しつつあった「イスラーム法廷会議」勢力を「テロ組織」と指定して攻撃し、米軍も海上からこれを軍事的に支援するなど、中東を中心に「対テロ戦争」は世界各地で展開されている。アメリカとイスラエルは、依然としてイランやシリアを「対テロ戦争」の射程に入れている。パキスタンではムシャッラフ政権が二〇〇七年七月にイスラマバードで多数の死者を出しながら「赤いモスク」を制圧したが、このような強硬な治安作戦も「対テロ戦争」の文脈で理解される。国際的か国内的かも、規模の大小も問わぬ「戦争」があちこちで繰り広げられ、血が流されているのである。

「対テロ戦争」の影響は、実際の戦場となっている国々にとどまらず、戦争を推進する国々の内部にも及んでいる。典型的なのがアメリカだが、二〇〇一年以来、アフガニスタンとイラクでの「対テロ戦争」だけで一兆五〇〇〇億ドルもの巨費（日本の国家予算のおよそ二年分に相当）をつぎ込んだ結果、財政が強い圧迫を受けていることは、今さら指摘するまでもない。より重要なのは、アメリカ社会で不安に基づく不信感が拡大していることである。国土安全保障省は空港などの入国管理機関において全外国人の指紋と顔写真の情報を収集し、すでに八五〇〇万人ものデータを蓄積したという。二〇〇七年一〇月には、中東系の人間を中心に、七五万五〇〇〇人を要注意人物としてリストアップしていると報道された。この数をまともに受け取れば、膨大な数の捜査官がこの件で張り付かねばならないことになる。また二〇〇七年一一月には、ロサンゼルス市警察は、同市の五〇万人に上るムスリム住民の居住地を地図化して追跡調査する計画だ、との報道もあった。九・一一事件直後に多発したムスリム市民の誤認逮捕や嫌がらせ事件、大学などでイスラエルを批判する教員をリストアップする「キャンパス・ウォッチ」といった「赤狩り」的動きの延長線上に、こうした体制内異分子のあぶり出しが進んでいるのである。日本も、二〇〇七年一一月にアメリカに続いて世界で二番目に、入国外国人の指紋採取と顔写真撮影を義務づけた。これにより毎年六〇〇万人から七〇〇万人の情報を蓄積していく予定だという。二〇年後には日本の人口を超える規模のデータベースができあがる計算だ。

三 「対テロ戦争」への批判

こうした「対テロ戦争」とそれに付随した制度改変に対して、すでにアメリカ国内でもさまざまな批判の声が上がっている。

かつてジミー・カーター大統領の国家安全保障担当補佐官を一九七七年から八一年にかけて務めたズビグネフ・ブレジンスキーは、現在もアメリカ外交界の御意見番のようで、かねてより共和党のブッシュ政権の外交政策に批判を加えてきたが、二〇〇七年三月二五日の『ワシントン・ポスト』紙上で「対テロ戦争」に対して根本的批判を浴びせるに至った。米軍によるイラク統治の戦術的失敗を批判する、といったようなレベルではなく、「対テロ戦争」という概念そのものを否定するレベルにまで踏み込んだのである。大統領をはじめ政府が「対テロ戦争」という言葉を呪文のように唱え続けた結果、アメリカ人の間に「恐怖の文化」が定着し、正常な判断能力を失わせるような洗脳が全国民規模でなされた。人は恐怖を感じると、寛容さを失う。すると社会では不信が増幅され、公正という概念を掘り崩すような法的手続きが続々と編み出される。そこに扇動家《デマゴーグ》が跳梁する政治空間が出現する、というわけである。さらに警備関係企業やマスメディア、娯楽産業が「対テロ戦争」という言葉を利用した自己増殖運動を始め、新たな、より大きな恐怖の文化をつくり出すに至る。ブレジンスキー元補佐官は、こうしたヒステリーはいい加減止めにして、正気に返ろう、アメリカの真の伝統に立ち返ろう、と読者に呼びかける。

筆者はすでに別のところで論じたが（黒木 二〇〇二）、ここで「テロ」という言葉自体が持つ危うさを十分に自覚する必要がある。

まず第一に、この言葉が歴史上あまりにも多様な形の暴力に対して使われてきたために、信号機が故障した大通りの交差点のような状況に陥っていることである。フランス革命におけるジャコバン派独裁による恐怖政治、一九世紀後半ロシア帝国で頻発したところの政治的殺人(典型例が皇帝アレクサンドル二世の暗殺)、といったものが二〇世紀以前の世界史における「テロ」だった。これらと九・一一事件の暴力とは性格がまったく異なるので、同じ言葉で同列に論じるのは困難である。言葉は生きものだから意味内容も変化するとはいえ、一八、一九世紀の用法も現代にまで生き延びているのだから始末が悪い。法的な定義が不可能なのである。

第二に、「テロ」「テロリスト」が悪罵として用いられており、この言葉を投げつけることにより相手を「卑劣で許し難い交渉不可能な悪魔」としてしまうことである。つまり、相互に暴力で攻撃しあう者たちがいるとき、より早くより効果的に相手を「テロリスト」にしたほうが、言説のレベルでは勝ちなのだ。すると、暴力が生じた原因などを考える作業はどうでもよくなる。と言うよりもむしろ、こうした作業をする者を裏切り者として非難する方向に、人を走らせる。「テロ」は、思考停止をもたらす催眠効果のある言葉なのだ。

第三に、「テロ」は国家が行使する暴力を意味せず、個人や非国家団体が関与する暴力を意味する、という合意が、この言葉を使う人々の間で成立していることである。国家が行う戦争をはじめとする巨大な暴力は最初から考慮の対象にしないのである(このため、「テロ支援国家」とか、さらには「国家テロ」「テロ国家」といった言葉がわざわざ使われる)。すると、右に述べた第二の理由と相まって、結果的に「テロ」なるものに対して「戦争する」国家を肯定し、免罪する雰囲気が自然とできあがる。「反戦」など唱えているようでは認識が甘い、「テロ」の恐ろしさを少しは考えたらどうだ、というわけである。その結果、国家による暴力行使を法的枠組みの中で位置づけ、規制する方向で動いてきた国際法の体系は大きな打撃を受けることになった。戦争行為が従来の手続きに縛られなくてよい、「新しい戦争」が可能になったと考えられるに至ったのである。宣戦布告がないまま、ある日突然、爆弾が降ってくる時代になったのだ。

筆者は、これらの点を踏まえて、「テロ」という言葉を使うのをやめるべきだと主張した。そして、同様の理由で実際にロイター通信社などはこの言葉を使用禁止にしたらしいが、日本のメディアでは「テロ」のオンパレード状態が続いている。

こうした状況で、あえて「テロ」の定義を試みた研究者もいる。ジョナサン・バーカーは、現在の多くの人々が合意している意味内容として「暴力の行使またはその脅迫であり、一般市民を標的にし、政治目的のために行われるというもの」を示し、イスラエルの研究者ボアズ・ガナーの定義を肯定的に紹介している。それは、「テロリズムとは、政治目的を達成するために、一般市民やその中の標的に対して故意に暴力を行使すること、または行使すると脅迫すること」というもので、暴力行使の主体として政府、つまり国家機関も含めるとしている(バーカー 二〇〇四)。こうすれば、分析概念として使える可能性が認められる。しかし、もしこの定義を本気で当てはめれば、たとえば広島・長崎への米軍の原爆投下行為は人類史上稀に見る最大級のテロだった。また、イスラエルが一九四八年の建国前後にデイル・

ヤーシーン村をはじめとする各地で多数のパレスチナ人を見せしめ的に虐殺したのも、テロ行為の典型ということになる。議論は沸騰して収拾がつかなくなるだろう。一方、日本のメディアでは「イラクの米軍に対して自爆テロ」といった表現が散見されるが、もしこの表現を認めれば、一九四〇年代前半にドイツ軍占領下のフランスでレジスタンス活動を繰り広げたフランス人のことも「テロリスト」と表記するべきだ。

やはり「テロ」という言葉をめぐっては、それを使う人間の立ち位置や主観がどうしても色濃く反映されてしまう。したがって、「対テロ戦争」と言おうと、「テロとの闘い」と言おうと、対象の措定という、暴力・軍事力行使において最も重要な点が、実にいい加減になってしまうのだ。対象は限りなく拡大するかもしれず、暴力・軍事力を行使する権力によっていかようにでも決められるおそれがある。実際、私たちは今それを目の当たりにしている。極言すれば、現在私たちが「テロ」という言葉を無意識に使って戦争行為に荷担するとき、「ハンムラビ法典」以来、人類が営々と築いてきたところの、法をつくり、その条文によって行為を客観化し、規制するという「文明」に対して反逆しているのだ。いわば現代の「野蛮」にコミットしているのである。ジルベール・アシュカルが九・一一後の世界をして「文明の衝突」ではなく「野蛮の衝突」であると表現したのは、当を得たものと言えよう（アシュカル 二〇〇四）。

四　「暴力の悪循環」再考

では、「テロ」が駄目ならばどんな言葉を使えばいいのか、ということになる。ここで問題にしている行為を「一般市民を対象とした政治的暴力」と表現すれば、客観性が失われることはなく、分析概念として使えるものと考える。一方、日々各地で起こるこの種の事件をいちいち「政治的暴力」と呼んでいたのではまどろっこしい、というのもそのとおりである。その場合は「攻撃」とか「殺人」といった言葉で十分ではないだろうか。

ともあれ、実際の暴力の応酬をどのように位置づけて考えるべきなのか、「対テロ戦争」の主戦場であるパレスチナとイスラエルを中心とした中東に焦点を当ててみよう。

パレスチナ問題については、今日でもしばしば次のような議論が新聞の社説などにおいて見られる。

> 中東では、宗教対立が何千年も前から続いてきた。目には目を、歯には歯を、の暴力の応酬だ。現在は貧富の差の拡大が、これに拍車をかけている。テロをなくすためにはテロの温床となっている貧困問題を解決し、対立している人たちを直接対話させて、和解のための条件の熟成を図るべきだ。経済大国日本が仲介者として果たす役割は大きい。

冒頭に取り上げた福田首相談話においても、アフガニスタンの復興支援で日本が財政面で大きな役割を果たしていると強調するところで、こうした議論が下敷きになっていることがわかる。もしこれが正しければ、日本のイスラエル経由の対パレスチナ経済援助が紛争を解決するように考えられ、明るい展望が開けそうにも思えるのだが、ここには大きな誤解が三点ある。

まず第一に、中東地域で宗教対立がイスラームの始まり以降の歴史の中で何度か存在したことは確かであるが、いずれも一時的なもので、むしろ大半の時期において、平和的な共存が維持されていた。非ムスリムは成年男子の人頭税支払いと引き替えに信仰と財産の安全が保障されていたのであり、同業者組合や居住街区といった生活の単位では、多宗派混在状況がしばしば見られた。エルサレムは、キリスト教徒もユダヤ教徒も巡礼するのに何の問題もなく、イスラームも含めた三宗教の聖地が同じ町内に隣接していたのである。その意味で「イスラームの寛容」の意義は大きい。むしろ前近代のヨーロッパのキリスト教社会のほうが厳しいユダヤ人差別・迫害を行い、ムスリムの存在はほとんど許されていなかったことを想起する必要がある。

第二に、はたして貧困はテロの温床なのか、という問題である。政治的暴力が頻発している国は貧しい国ばかりではない。九・一一事件の全容は依然謎に包まれていると最初に書いたが、その実行犯とされた人々の大半はサウジアラビア人であった。この貧困原因論には、どこか意図的なものを感じる。貧困という、新自由主義社会で自己責任に帰せられる事情を持ち出して、日本のような先進国は無関係だ、という予防線を張っているように見えるのである。さらに言えば、貧困にあえぐ人々（実際には先進国も含めて世界中で膨大な数にのぼる）を潜在的テロリストと見なしかねない、異分子洗い出しに近い考え方が、ここに潜んでいるのである。

第三に、対話させれば和解するはずだという見方だが、「話せばわかる」式の素朴な楽観は論外としても、問題なのは対立している者同士であってわれわれは関係ない、という含みがそこにはある。第三者の立場から問題の所在とその筋道を明らかにし、問題への自らの関与・責任も自覚した上で介入するという、根気強さが要求され、時には痛みも伴うような作業を放棄しているのではないだろうか。

それでは、どのように考えるべきか。六点からなる、一連の因果関係の流れを示してみよう。

まず第一に、中東において国際政治のレベルでおびただしい数の二重基準の物差し（ダブルスタンダード）が使われてきたことを確認しよう。わかりやすい例を挙げれば、イスラエルは、一九六七年の第三次中東戦争の後、占領地から即時撤退を求められた国連安保理決議第二四二号の履行を、四〇年にわたって無視し続けている。またこの第二四二号を遵守せよという安保理決議第三三八号を、一九七三年以来三四年間にわたって無視し続けている。一方、一九八〇年から二〇〇七年までの二八年間のうち、国連安保理では全部で七一回拒否権が発動された。そのうち、六六パーセントに当たる四七回がアメリカ一国のみによる拒否権行使であった。さらにそのうちの七四パーセントに当たる三五件が、イスラエルの軍事行動とパレスチナ占領に関わるものであった。特に二〇〇一年から〇七年までの七年間に限って言えば、全部で一二回の拒否権発動がなされ、そのうち実に一〇件がアメリカ一国のみの拒否権、しかもそのうちの九件がイスラエルに関するものだった。アメリカは反対票すら投じずに（たとえ投じても圧倒的賛成多数で可決されるので）、決議案自体を葬り去ってきたのである。一方、すでに述べたように、イラクは安保理決議第一四四一号の拡大解釈だけを根拠に、攻撃を受けることとなった。

第二に、こうしたダブルスタンダードが繰り返されると、国連などの国際機構や政治的交渉、さらには国際法に対する信頼が失われてくる。野球の試合で、審判があるバッターには三回空振りしたらアウトを宣告するけれども、その相手チームのバッターには一〇回空振りしてもアウトとしなかったら、試合はメチャクチャになるだろう。殴り合いに発展することも十分想像できる。ここに政治的暴力のそもそもの原因が存在するのである。私はここで暴力を正当化しているのではない。あまりに一方的で不公正な政治的圧力が作用している限り、跳ね上がり分子が出てくるのを防ぐことはできない、と言うのである。しかも、この暴力が宗教という枠組みの中で正当化され、暴走し始めると、押さえが効かなくなる。こんなとき私たちは、自国の代表が国際政治の中で公平な審判者たろうと努力していると、胸を張って言えるだろうか。

第三に、こうした暴力に立ち向かうとき、右で説明したように、「テロ」という催眠効果のある言葉が濫用され、法的な裏づけによる対象確定をしないままの先制攻撃がなされ、従来の法的手続きも適用しない、という事態が生じる。アフガニスタンで手当たり次第に捕らえた人々を、戦争捕虜でも刑事被告人でもない、つまり人権を持たない「テロリスト」だからジュネーブ条約を適用しない、として拷問を正当化したのが米軍のグアンタナモ基地であった。

第四に、こうした「対テロ戦争」を、アメリカなどの国々が遂行していく中で、アジア・アフリカの国々の独裁的指導者のうち「使える者」と「使えない者」の選別が進む。「使える」独裁者は支援するけれども、

「使えない」あるいは「歯向かう」独裁者は容赦なく排除する。イラクのフセイン元大統領は、アメリカにとって対イラン戦争で使えるうちは支援し、戦後クウェートを侵攻してからは排除の対象となった。これもダブルスタンダードの一種と言えよう。

第五に、独裁体制の下で苦しむ人々は自由と民主化を求めるわけだが、この人々の間に亀裂が生まれる。アメリカのような国が持つ圧倒的な軍事力によって無辜の人々が多数殺されるとき、これを自由と民主主義のためには仕方のない犠牲だと受け入れられるか、ということである。このような暴力によって殺されるくらいなら、少々民主的でなくても命だけは守られる独裁のほうがましではないか、と考える人々が出てくる。逆にこうした軍事力を利用して対抗関係にある集団に対して優位に立とうとする人々も出てくる。このような対立が、ある国なり地域なりの民族・宗派的な競合関係と重なり合えば、もう内戦は目の前である。パレスチナ、レバノン、イラク、パキスタン、などなど実に多くの地域で、この二極分裂状態が出現している。暴力には暴力で立ち向かうしかない、多少の犠牲は仕方ない、と考える跳ね上がり分子が続々と出てくる。

第六に、超大国のみならず、経済力や一定の軍事力を持つさまざまな国が、この二極分裂状態に介入する。分裂状況の国が戦略上重要な位置にあったり、豊かな天然資源を持っていたりすると、そこで生じる内戦はしばしば大国間の代理戦争の姿をとるようになる。すると政治的暴力をめぐるダブルスタンダードはますます激しくなる。アメリカやロシアのような超大国が直接乗り込んで先制攻撃を仕掛ける、という事態も生じる。こうして、振り出しに戻るように第一の問題に戻り、悪循環が拡大していくのである。

このように、超大国や非国家集団などさまざまなプレーヤーを巻き込んだ、国際的な政治的暴力のサイクルが回転している。日本を含めた西側諸国も、この暴力サイクルの中に直接関係し、組み込まれていることを忘れてはならない。

一九世紀にシリアやレバノンの地域でムスリムやキリスト教徒の間で対立が深まり、それまでに経験しなかった大規模な衝突が発生した。フランスやイギリス、ロシアといった国々は、この紛争にプレーヤーとして入り込み、直接扇動して影響力を行使したにもかかわらず、紛争の原因を自分たちには関係のないこと、文明化していない野蛮な人々の戦いと見なしていた。歴史は繰り返すのである。

五　平和構築へ向けて

「テロとの闘い」がロマンチシズムと無定形性の上に成り立つ危険な観念であり、「対テロ戦争」が実際に大量死を、とりわけ中東地域で生み出していることを確認してきた。「テロ」という呪文にがんじがらめにされずに、「政治的暴力」という一般的な用語を手にして、広く世界を見渡してみよう。なぜそれが起こったのか。どんな背景があるのか。いつからその問題は生じてきたのか。「複雑すぎてよくわからない」と言う前に、まずは考えてみよう。日本も政治的暴力から決して自由でなかったし、今なおそれを示す事件も起こっている。そして地球がこれほど小さくなった今、世界各地の問題はますます密接に関係し合ってきているのだから、遠い国で政治的暴力により無念にも命を奪われた人たちのことは、決して他人事ではないのだ。

このように考えることで、「対テロ戦争」という考え方自体を相対化し、克服することができる。これが現在、平和構築のあり方を考えるための最初の一歩であろう。その上で国際政治のレベルで自国の政府が露骨な二重基準を用いていないか、それに与《くみ》していないか、を監視し、政治的暴力を刑法的犯罪としてきちんと位置づけるシステムを育てていく必要がある。本書を含むシリーズ「未来を拓く人文・社会科学」第0巻『紛争現場からの平和構築』では、国際刑事裁判所をめぐってさまざまな角度から分析が加えられているが、その議論が示唆するものは大きい。

人間の安全を脅かす政治的暴力のメカニズムを考えてみると、これは決して最近のものではないことがわかる。「ジェノサイド」はこうした政治的暴力の極限的な姿なのであり、この問題を集中的に考えることは、逆に平和構築への道を展望するために有効な手がかりをいくつも与えてくれる（第2章）。加害者と被害者が状況によって入れ替わること、ある人や集団が加害者となるに至ったのは、それなりの理由が存在すること、ある段階で対立関係の色分けが人為的に再確定されて紛争がいっそう激化すること、などである。本書が取り上げるコーカサス（第3章、第4章）、バルカン（第5章）、アフリカ中部（第7章）、東南アジア半島部（第6章）の例は、体制内異分子がどのようにして問題視され、殲滅の対象になってきたかという過程も含め、これらの問題を雄弁に語ってくれる。とりわけ近年に起こったバルカンとアフリカ中部の事例では、メディアを通していかに問題が増幅していくか、そこで持つ言葉の力の深刻さが痛感されよう。

二〇〇六年夏に、一カ月余りにわたってイスラエル軍がレバノン国内に猛爆撃を加えた軍事行動（それはまさに宣戦布告なき戦争そのものであった）と、その間の国際政治の動きは、「対テロ戦争」の最新の姿をあらわにしたものだった（第8章）。人質奪回を表向きの理由としながら、イスラエル軍の作戦はヒズブッラー殲滅とその支持母体であるレバノン南部のシーア派住民一〇〇万人以上の強制追放を目的としていた。さらにレバノンという国軍をまともに整備できていない国に対して、イスラエルは自らの軍事的全能さをことさらに誇示しようとした。戦争自体は少なくとも一年前から綿密に計画されていたことが、その後の報道から明らかになっている。この間、G8（主要八カ国首脳会議）は戦争行為を停止するための策を何もとらず、国連停戦監視要員を爆殺されながら非難声明一つ発表することができなかった国連は、イラク戦争以来さらに深刻化した無力さを白日の下にさらした（なお、開戦時にイスラエルのエフード・オルメルト首相と会談していた日本の小泉純一郎首相は、その後記者会見で戦争について応答するオルメルト首相の脇に平然と並び立っていた。この映像が世界中を駆けめぐったことも、日本人として記憶しておく必要がある）。コンドリーザ・ライス米国務長官が、この猛爆撃というすさまじい暴力に苦しむレバノン人に向かって言い放った「新たな中東のための産みの苦しみ」という言葉は、「対テロ戦争」の推進者側の論理をよく示している。これに対して、イスラエル国内で、ヒズブッラーが放つロケット弾を身をもって受け止めていたイスラエル国籍のパレスチナ人たちが、実に透徹した目で世界を見ていたことに驚かされる（第9章）。

その上で、私たちはアメリカという、平和構築に最大の影響力を持つ超大国とどう向かい合うかが問われる(第10章)。なぜアメリカはこのような思考法や行動をとるのかという問題を、その歴史的発展過程を丹念にたどりながら、まさに地球規模の多方向的関係の中で腑分けする必要がある。それは「日米関係」という「二者だけの関係」を一方的に期待する心性と、アメリカというレンズを通してしか世界を見ることができない視力とを根底から批判し、国際政治をありのままの姿で捉える足場を確保することにつながるだろう。

「二一世紀の野蛮」をわがこととして絶えず批判し、その作業を通じてこれからの文明を構想すること。自己と他者の区別を絶えず問い直し、相対化し、「恐怖」を理性的に克服して「信用」を構築すること。学問の各分野、社会におけるさまざまな仕事においてその具体的作業を進めることが、平和構築への道を歩むことなのだと思う。

参考文献

G・アシュカル著、湯川順夫訳(二〇〇四)、『野蛮の衝突—なぜ二一世紀は、戦争とテロリズムの時代になったのか?』作品社。

板垣雄三(二〇〇七)、「『反テロ戦争』論の現在」木村朗編『9・11事件の省察—偽りの反テロ戦争とつくられる戦争構造』凱風社。

黒木英充(二〇〇二)、「世界は変貌する—テロリズムとイスラム世界」板垣雄三編『「対テロ戦争」とイスラム世界』岩波新書、七六六。

土佐弘之(二〇〇三)、『安全保障という逆説』青土社。

ジョナサン・バーカー著、麻生えりか訳(二〇〇四)、『テロリズム—その論理と実態』青土社。

第2章　ジェノサイドへのアプローチ
——歴史学的比較研究の視点から

石田　勇治

はじめに

国連総会が一九四八年に「ジェノサイド条約」(集団殺害罪の処罰と防止に関する条約)を採択したさい、条約制定者の脳裏にはホロコースト(ナチ・ドイツによるユダヤ人虐殺)の凄惨な現実があった。そのようなことを二度と繰り返してはならないという強い思いがここに結実したのである。それから六〇年、冷戦後の世界各地で頻発する大量殺戮は、いまだ人類がジェノサイドから自由でないことを示している。ジェノサイドはいったいどのような条件の下で、どのような要因によって引き起こされるのだろうか。そして人類はこれを未然に防ぐすべを持つことができるのだろうか。

本書執筆者の多くが携わるジェノサイド研究は、こうした問題意識に突き動かされながらさまざまな事例の研究に取り組んできた。その中には、ホロコーストやルワンダのジェノサイドのように「堅固な《ソリッド》事実《ファクツ》」によってすでに広く国際社会でジェノサイドと見なされているケースだけでなく、オスマン帝国におけるアルメニア人虐殺、ポル・ポト体制下カンボジアでの虐殺、グアテマラの先住民虐殺、レバノン内戦下ベイルート難民キャンプ(サブラー・シャティーラ)での虐殺、ボスニア紛争時スレブレニツァでの虐殺、インド西部グジャラートでの虐殺など、ジェノサイドの当否をめぐって議論の続く事例も含まれる。

本章では、ジェノサイド研究の前提となる基本概念をめぐる議論を紹介し、その上で二〇世紀前半のいくつかの事例を取り上げ、それらを比較検討したい。

一　ジェノサイドとは何か

ジェノサイドとは、古代ギリシャ語で種を表すgenosと、ラテン語に由来し殺害を意味するcideを組み合わせた造語で、一般に集団殺害罪と訳されている。ポーランド出身のユダヤ人国際法学者ラファエロ・レムキン（一九〇〇－五九年）が、ナチ支配の不法性を告発するために刊行した著書『占領下ヨーロッパにおける枢軸国支配』（一九四四年）でこの言葉を用いたのが嚆矢《こうし》となった。その後、先の「ジェノサイド条約」によって、ジェノサイドは公人私人を問わず、それを犯した個人の刑事責任が問われる国際法上の重大犯罪となった。

早くから主権国家内の民族的少数派の権利保護に関心を寄せていたレムキンにとって、アルメニア人虐殺の首謀者が主権国家原理を盾に法の裁きを受けずにいる状態は、乗り越えるべき国際法の限界を意味した。史上初の国際軍事法廷となったニュルンベルク裁判では通常の戦争犯罪と並んで「平和に対する罪」と「人道に対する罪」が導入されたが、裁かれたホロコーストの事例は第二次世界大戦に関連するものに限られ、開戦前のドイツ国内で進行したユダヤ人迫害はすべて不問に付されたのである。

こうした経緯を踏まえ、レムキンはジェノサイドを他のすべての犯罪と異なる独立犯罪と位置づけ、これを拠りどころとする国際刑事法廷の必要性を訴えた。その思いは、二一世紀になってようやく活動を開始した国際刑事裁判所（ＩＣＣ）に引き継がれている。以下、ジェノサイド条約の第一条と第二条を引用しよう。

第一条　締約国は、ジェノサイドが平時に行われるか戦時に行われるかを問わず、国際法上の犯罪であることを確認し、かつこれを防止し処罰することを約束する。

第二条　この条約においてジェノサイドとは、国民的、民族的、人種的又は宗教的な集団の全部又は一部を集団それ自体として破壊する意図をもって行われる次のいずれかの行為を言う。

(a)集団の構成員を殺すこと。

(b)集団の構成員に重大な肉体的又は精神的な危害を加えること。

(c)集団の全部又は一部の身体的破壊をもたらすことを意図した生活条件を故意に集団に課すこと。

(d)集団内の出生を妨げることを意図した措置を課すこと。

(e)集団の子どもを他の集団に強制的に移すこと。

第一条でジェノサイドが戦争との関係を前提としない犯罪であることが明記され、第二条でその定義が示されている。第二条の条文は、対象行為(a)〜(e)を含めて、ICCの設立を決めたローマ規程(一九九八年七月)第六条(ジェノサイド)に字句通り引き継がれており、ジェノサイドを定義する最も重要な法規定である。ローマ規程は「人道に対する罪」を再定義しているので、その定義をジェノサイドと比較することで、国際法上のジェノサイド概念の内容を確認しておこう。

「人道に対する罪」には殺人、殲滅、奴隷化、住民の強制移送など、対象行為においてジェノサイドと重複する部分がある。だが、両者には次の二点で明白な違いが存在する。

第一の違いは、対象集団に関するものである。つまりジェノサイドには、国民的、民族的、人種的、宗教的な集団という四つの集団が特定の犠牲者集団として明記されているのに対し、「人道に対する罪」にはそのような特定はなく、「文民たる住民」つまり無防備の民間人を対象としている。第二の違いは、犯罪を構成する「破壊する意図」に関するものである。つまりジェノサイドは、先の四つの集団いずれかの全部又は一部を破壊する意図をもって行われる前記(a)~(e)の行為を対象としているのに対し、「人道に対する罪」はこの意図の存在を犯罪構成要件としていない。

国際法上のジェノサイドは、しばしばその狭隘さが問題視されるが、対象となる行為は殺人に限らず、多岐にわたることに注意を向ける必要がある。たとえば、(b)の「集団の構成員に重大な身体的又は精神的な危害を加えること」には拷問、強姦などの性的暴力、麻薬の強制使用、身体切断、人体実験などのほか、集団の構成員にトラウマを与える行為が含まれるし、(c)には飲料水や食糧供給の封鎖、居住空間の破壊、医療サービスの停止、強制収容所への拘留、砂漠への追放など、(d)には強制断種、強制中絶、結婚の禁止、長期にわたる男女隔離などが含まれる。そして(e)の「子どもの移送」には直接的暴力によるものだけでなく、恐怖や心理的抑圧など有形無形の強制力によるものも想定されている。こうした多様な処罰行為を念頭に置けば、ジェノサイドを「集団殺害」と訳すことには問題があると言わざるを得ない。殺人を含みつつ、より広範な意味合いを持つ「集団抹殺」と訳すほうが適切であろう。

ところで、ジェノサイド条約第二条に記された「集団の全部又は一部」の破壊という文言をどう考えればよいのだろうか。集団の全部と一部とでは大きな隔たりがあるが、あえて「全部又は一部」という曖昧な表現をすることで、ジェノサイドの適用範囲を広く設定したと言えよう。近年の解釈によると、集団の一部、たとえば集団の指導者層の殺害、あるいは男女どちらか一方の集団殺害であっても、それが集団としての存立を不可能にする場合、ジェノサイドと認定されうる。その根拠となる判例が、旧ユーゴスラヴィア国際刑事法廷（ＩＣＴＹ）によって示されている。ボスニア紛争のさなかに起きたスレブレニツァ事件（一九九五年七月）では、ムスリムの男性七〇〇〇～八〇〇〇人（行方不明者を含む）がセルビア軍の犠牲となった。法廷は、この事件に関して二〇〇一年八月、首謀者の一人とされるラディスラフ・クルスティッチ元司令官にジェノサイド罪（禁固四六年）を宣告した。この判例に基づけば、必ずしも万単位の犠牲者を数えるような規模でなくても、ジェノサイドは成立することになる。

二　広義のジェノサイド

これまで国際法上のジェノサイドの定義をめぐって検討してきたが、さまざまな形態をとって出来《しゅったい》するジェノサイドの要因をさらに掘り下げて考えるためには、国際法上の定義から外れる事例にも光を当てることが必要であろう。すでに見たとおり、ジェノサイド条約は対象集団を国民的、民族的、人種的、宗教的な集団の四つに限定しているが、そのことの当否をめぐり研究者の間で長い議論が続いている。

筆者の見解によれば、ジェノサイドの実行者は、破壊対象となる集団を恣意的に定義する傾向が強い。つまり実行者はいかなる種類の人間集団を殺戮するかをあらかじめ定め、その集団に属する者を選り分けて抹殺しようとする。ナチ支配下のユダヤ人を例にとれば、彼らはユダヤ人であるがゆえに殺害されたように見えるが、実際は全員が同じ運命をたどったわけではない。ナチはユダヤ人を自分勝手に定義し、その定義に基づいてホロコーストを実行した。またナチ体制下では「反社会的分子」と呼ばれた人々も絶滅の対象となった。彼らは決して所与の集団ではなく、むしろ多様な出自の人間をナチが独自の基準に照らして一括りにした集団である。このように、ジェノサイドの実行者は所与の集団の破壊を意図するばかりでなく、破壊すべき集団の範疇をもつくり出すことがある。こうした実行者の恣意性に着目したジェノサイドを、国際法上のジェノサイド(=「狭義のジェノサイド」)に対して、「広義のジェノサイド」と呼ぼう。

恣意的な基準で定められる集団をジェノサイドの対象集団に加えることで、カンボジアの「都市住民」(新住民)やスターリン体制下の「クラーク」(富農)のような社会的集団、あるいは同じくスターリン体制下の「人民の敵」や中国の文化大革命下の「走資派」のような政治的集団、またナチ体制下の「反社会的分子」のような似非科学(人種衛生学)によって定義づけられた集団に対する破壊行為を、同じ枠組みで論じることが可能になる。また戦争・内戦下では、破壊されるべき集団の恣意的な範疇づくりがいっそう頻繁に行われる。それは、国内では敵に通じる反逆者として、占領地ではゲリラやパルチザンとして根絶の標的にされるのである。

ジェノサイド研究の対象をこのように広げることには、異論も出されている。あまりに多くの事例が「ジェノサイド」として検討されるならば、「犯罪の中の犯罪」としてのジェノサイドの本質が見失われ、せっかくつくられた法規定が無意味化するのではないかという指摘である。たしかに人間の属性には、思想信条など自ら選び取ることのできるものと、そうでないものがあり、そうでないものを根拠に集団の破壊が企てられた場合には特別な配慮が必要であろう。だが、自ら選び取れないとされる「人種的属性」でさえ、人為的かつ恣意的に創出されうるものなのである。また、各人の属性の重みも当事者によって異なるものである。

国際法上のジェノサイドは何よりも責任追及と科罰を判断するための概念規定であり、ジェノサイドの原因を究明するという観点からなされた定義ではない。研究対象をいたずらに拡大することは避けるべきであるが、国際法上の規定を尊重するあまり、他の観点からのアプローチの可能性をあらかじめ制限することも望ましくない。歴史学がジェノサイド問題にアプローチする場合、法的にジェノサイドであるか否かだけでなく、そうした現象が生じる要因と目的を究明することが重要となろう。

さて、ジェノサイド条約の制定過程では、対象行為を先の（a）〜（e）の五つに限ることにも異論が唱えられた。条約草案には、集団に対する身体的ジェノサイド（集団虐殺・処刑、身体切断・人体実験、生存を不可能にする生活条件の強制など）、生物学的ジェノサイド（強制断種・強制中絶、両性隔離、結婚禁止）のほか、文化的ジェノサイドが掲げられていた。前の二つは最終的に（a）〜（e）にまとめられたが、文化的ジェノサイドは採用されなかった。その最大の理由は、自らの植民地支配が問題視されることを列強がおそれたためと考えられている。

文化的ジェノサイドを、対象行為に含めた草案起草者の念頭には何があったのだろうか。草案は、子どもの強制移送、集団の文化を代表する者の強制出国、国民言語の使用禁止、国民言語による書物や宗教書の体系的破壊、歴史的・宗教的記念碑の破壊、文化財や歴史的文書の破壊などの行為を文化的ジェノサイドとして記している。言うまでもなく、集団の文化的な破壊は、身体的な破壊と同じ性質のものではないが、集団としての存在を抹殺しようとする意図から引き起こされた場合は、ジェノサイドのもう一つの形態として、またジェノサイドの随伴現象として捉えるべき行為と言えよう。たとえば、一九八〇年代前半にジェノサイドを経験したグアテマラで二〇〇四年に国家補償委員会が発足した後、補償対象を選定する作業の中でマヤの犠牲者団体が「文化的補償」を要求している。文化的な破壊行為は、ジェノサイド罪が適用されるか否かの司法判断において考慮されることがないとしても、紛争後社会における犠牲者集団への補償、名誉の回復、コミュニティの再建のあり方を考えるためには視野に入れるべき問題であろう。これまで述べてきたことを、マトリックスにして示そう（**表1**）。

表1　ジェノサイドの概念

対象＼行為	殺人など5つの破壊行為	文化的な破壊行為
4つの集団（国民的、民族的、人種的、宗教的な集団）	国際法上のジェノサイド（狭義のジェノサイド）	文化的ジェノサイド
政治的、社会的な集団の他、実行者によって恣意的に定義された集団	広義のジェノサイド	文化的ジェノサイド

三　世界大戦下の三つの事例

二〇世紀のジェノサイドの中で、第一次世界大戦下のオスマン帝国におけるアルメニア人虐殺、第二次世界大戦下の「クロアチア独立国家」におけるセルビア人虐殺、ドイツのユダヤ人虐殺は、世界大戦の条件下で生起した事例である。以下では、これらを比較考察し、共通点を探ってみよう。

1　国民国家の形成・再編

これらの事例には規模や形態などいくつかの点で違いがあるものの、いずれも近代的国民国家の形成・再編の過程で引き起こされたという点で共通している。

オスマン帝国では、帝国解体末期に権力の座に就いた「統一と進歩委員会」(以下、CUP)が、宗教や民族の差異に比較的寛容であった帝国のあり方を否定し、より均質的で統一的なトルコ民族国家を創設しようとした。この過程で宗教的、民族的な違いが強調され、自らとは異なる特徴とアイデンティティを持つアルメニア人が異分子として排除された。これが最大で一五〇万人もの犠牲者が出たと言われるアルメニア人ジェノサイドの主要因となった。第二次世界大戦下のクロアチアでも類似の状況が見られる。セルビア人虐殺の直前、多民族国家ユーゴスラヴィア王国(セルビア＝クロアチア＝スロヴェニア王国)はドイツ軍の侵攻を受けて解体し、クロアチアが、ナチの庇護を受けたファシスト組織ウスタシャの下で「独立」を手にした。だが、領内にセルビア人などの異分子が残ったため、彼らを排除して純粋なクロアチア民族国家を樹立しようとする動きが生じ、ジェノサイドが引き起こされたのである。

ドイツの場合、国民国家の制度的枠組みはすでに帝政時代にできあがっていたが、第一次世界大戦の敗戦と革命がもたらした混乱から急進右翼の間でユダヤ人の市民権の撤回を求める声も高まっていた。政権を握ったヒトラーはこうした状況下のドイツを「人種」という新基準で再編・強化し、その基準に適合しない者を「異分子」として排斥しようとしたのである。

2 強制移住と強制収容

第一次世界大戦下のオスマン帝国では、アルメニア人だけでなく、ギリシャ人などの他のキリスト教徒も大がかりな移住を強いられている。クロアチアでは、ドイツとの取り決めによって一定数のスロヴェニア人が領内に受け容れられる一方で、セルビア人はドイツ占領下のセルビアに追放された。ドイツでは、独ソ不可侵条約の秘密議定書に基づいてソ連勢力下の「民族ドイツ人」の帰還政策が始まり、これが東ヨーロッパ全域に及ぶ「民族秩序の再編」というヒトラーの野望に道を開いたのである。いずれも強制移住の果てにジェノサイドが生起している。

強制収容所も、現代ジェノサイドを特徴づける構成要素の一つである。その歴史的な起源は一八三〇年頃、アメリカ先住民のチェロキー族を強制移住させようとした合衆国軍が彼らを一時的に収容するためにつくったのが最初であると言われているが、その後、一九世紀末のスペイン領キューバや英領ケープ植民地にも設置された。オスマン帝国でも、第一次世界大戦時にユーフラテス河畔を中心に三七カ所に強制収容所がつくられ、貨物列車に詰め込まれたアルメニア人がそこへ移送された。「クロアチア独立国」でも一六の強制収容所がつくられた。中でも「バルカンのアウシュヴィッツ」の異名をとるクロアチア最大のヤセノヴァッツ収容所では、セルビア人、ユダヤ人、ロマ（ジプシー）など六〇万～七〇万人もの命が奪われた。

労働力の「貯水槽《レザヴォワール》」「殺戮工場」など目的に応じた多様な収容所ネットワークを構築し、経済的合理性を意識した強制収容所体制を完成させたのは、ナチ支配下のドイツであった。そもそもヨーロッパ人が、ヨーロッパの外部につくった強制収容所が一九三〇年代になってダッハウやザクセンハウゼンのようなヨーロッパの中心部に、しかも都市近郊につくられたことの意味合いは深長である。ナチ時代のドイツはヨーロッパ近代の内なる他者を異化し、これを収容所に隔離して収奪すると同時に、収容所をそのシステムの一部に取り込んだ新しい経済社会をつくり出そうとしたのである。

3　偏見と差別の広がり、受益の構造、知的エリートの加担

ナチのユダヤ人憎悪はホロコーストの要因の一つだが、近代ドイツにはキリスト教徒とユダヤ教徒の間に共存の歴史も存在した。このことはオスマン帝国のムスリムとアルメニア人の関係、ハプスブルク帝国のクロアチア人とセルビア人の関係についても当てはまるだろう。ただし、社会の日常的な偏見・差別、微温的な敵対意識の広がりがジェノサイドの条件として共通している。それらは穏健であるがゆえに普段は表面化しにくいが、上からの強い扇動や戦争のような外的要因によって活性化し、ジェノサ

イドの素地を用意したのである。

さらに、共通点として指摘すべきは、「異分子」への敵対感情とは別に、彼らの排除から実際的な利益を享受する者が社会の各層に数多く存在したという点である。ユダヤ人がいなくなって空いたポストを手にしたドイツ人は多く、民衆の中にも強奪資産を得た者は少なくなかった。トルコでは、CUPによって煽られ、自ら略奪行為に加わって受益者となったムスリムの民衆が、ジェノサイドの完遂に貢献したのである。

これら三つのジェノサイドを政策として実行することを構想し、その立案に直接関与したのは数十人から数百人、多くて数千人の権力エリートである。ただ、それに多くの科学者や知識人が荷担することで大量殺戮のシステムができあがった。これも共通点として指摘できよう。

4　複合ジェノサイド――独裁体制の強化と総力戦

一見、克服しがたい集団間の憎悪や歴史的対立が根本原因であるかに見えるこれらの事例も、実際は多様な要因と動機によって引き起こされた複合ジェノサイドである。特に独裁体制下における総力戦の遂行という共通の要因が、ジェノサイドの触媒として作用している。

オスマン帝国の場合、第一次世界大戦の開始はCUPの独裁体制の確立に貢献しただけでなく、国内のアルメニア人をいっそう危険な存在つまり敵国ロシアに通じ、トルコを内側から破壊しかねない不穏分子として際立たせることになった。クロアチアでは、ナチ・ドイツの傀儡ウスタシャ政権が戦時下で敵性分子と見なされたセルビア人への反感を煽りつつ、独裁体制を強化した。純粋な国民国家の形成という目的に加え、「内敵」の除去、独裁体制の強化という大義のために「異分子」が犠牲になったのである。ドイツでは、ヒトラーの独裁体制は戦前に完成しており、国家の不法を阻止する力はもはや存在しなかった。第二次世界大戦の開戦後は、戦争完遂のために効率的な社会の建設が求められ、戦争に役立たない者は抹殺の対象となった。ホロコーストに先駆けて実行された、心身障害者や不治の患者とされた者に対する組織的な殺害は開戦とともに始まり、敵に通じると危険視されたユダヤ人の隔離政策も、開戦を契機に本格化したのである。

おわりに

大量殺戮は古代から見られるもので、二〇世紀になって始まったものではない。しかし近代のジェノサイドには、それ以前の虐殺とは異なる点が存在する。それは、一九世紀以降、世界各地に流布したナショナリズムと人種の観念、民族自決とエスノクラシー（主権民族支配）の原理、帝国主義、植民地主義、全体主義、優生思想など近代世界を特徴づけるさまざまな要素と結びつき、しばしば医学・人類学など科学を動員して遂行されてきたという点である。国家による国民の健康管理や民族性の強化は、ジェノサイドを容認する政策と社会の規律化を招来した。結果として、被害の規模は前近代のジェノサイドをはるかに上回ることになった。

ジェノサイドは、人間の集団としての存在を根底から否定する行為である。人類は国際人道法や国際刑事司法制度を整備するなど、ジェノサイドを防ぐための手立てを重ねてきてはいる。これらが有効に機能するためには、実際に起きた過去のさまざまな事例を実証的に明らかにし、そこに見られる固有の原理と共通のメカニズムを析出することが必要となろう。歴史的比較ジェノサイド研究の課題はこの点に存在する。

参考文献

石田勇治（二〇〇六）、「アウシュヴィッツの後、現代史をいかに描くか」『史友』（青山学院大学史学会）第三八号。

同（二〇〇六）、「ジェノサイドと戦争」『岩波講座アジア・太平洋戦争⑻ 二〇世紀の中のアジア・太平洋戦争』岩波書店。

Ishida, Yuji (2004), Genocide in Namibia, Turkey, Croatia and Germany: Searching for the Common Features and the Historical Connections, in: *Comparative Genocide Studies*, Vol. 1.

第3章　歴史と現在
――「アルメニア人虐殺」の場合

吉村　貴之

20世紀初頭のオスマン帝国・ロシア・イランの隣接地域

二〇〇七年二月一九日、イスタンブルの繁華街からそう遠くないオスマンベイ地区で事件は起こった。アルメニア系住民のコミュニティ紙『アゴス新聞』の編集長フラント・ディンクが、新聞社の前でトルコ人の若者から銃撃されて死亡したのだ。ディンクは以前アゴス紙に「アルメニア・アイデンティティについて」という記事を連載し、一九一五―一六年にオスマン帝国で起きたアルメニア人虐殺の生き残りの子孫がトルコ国民としてどう生きるかについて論じた。だが、これがトルコを侮辱しているとして、二〇〇五年一〇月に彼は有罪となっていた。

ところで、この虐殺問題は日本では一部の専門家を除いてほとんど知られていないが、トルコを含めた欧米ではこれについての研究が多い。それを大別すると、アルメニア人虐殺が「ジェノサイド」（民族抹殺）だと主張するアルメニア共和国や欧米のアルメニア系の研究者によるものと、アルメニア人虐殺を「アルメニア人のテロリズムに対する戦い」と捉えるか、虐殺そのものがあったことを否定するトルコ人研究者によるものとがある。

ただ、こうした研究の多くは共通した問題を抱えている。この事件の真相についてアルメニア人社会とトルコ政府との間でまったく合意がなく、今でもアルメニア、トルコ、欧米をも巻き込んだ政治問題となっていることだ。二〇〇五年九月には、欧州議会がトルコのEU加盟の条件として「アルメニア人ジェノサイド」の認定をトルコ政府に迫ったほどである。そのため、研究者も自らの政治的立場にとらわれた議論に陥りがちになっている。また、事件についての事実関係に不明な点が多く、虐殺の指揮・命令系統から犠牲者の数に至るまで諸説ある。

一　事件についての論争史

まず、アメリカのアルメニア人研究者ホヴァニスィアンとダドリアンを例にとってみる。ホヴァニスィアンは、トルコ史家であるショーの著書 (Shaw 1976) についての批評で、一八九六年に起こったアルメニア人過激派によるオスマン銀行の占拠事件は、前年から続いているアルメニア人ポグロム (集団暴行・略奪) の中で出てきたもので、犯人の逃亡直後に起こったアルメニア人襲撃事件は占拠事件の結果ではない、としている。そして、第一次世界大戦の前夜においてもオスマン帝国下のアルメニア人は帝国に忠誠を誓っていたが、一部の有名人がロシアに逃亡したため、帝国中央政府がアルメニア人の忠誠心に疑念を抱き始めたことが、虐殺の動機となったとしている (Hovannisian 1978)。

また、アルメニア人の議論に特徴的なのは、ジェノサイドの典型例であるユダヤ人ホロコーストのモデルをアルメニアの例に当てはめようとする点である。ダドリアンには特にその傾向が強く、虐殺当時のオスマン帝国首脳部が掲げていたパン・テュラン (パン・トルコ) 主義をヨーロッパの反ユダヤ主義と同一視する (Dadrian 1996)。つまり、アルメニア人、ユダヤ人とも少数民族ではあるが経済的な支配力があり、統治上のスケープゴートにされやすく、人種主義的イデオロギーを信奉する独裁政権下で虐殺を受けた、といった点を強調する。

ただ、こうしたアルメニア人の主張に従ったとしても、キリスト教徒に対するオスマン政府の差別意識だけに虐殺の背景を求めると、タンズィマート改革期 (一八三九－七六年) にアルメニア人がオスマン官界に多数進出した理由が説明できなくなる（Findley 1982）。また、ホヴァニスィアンらが主張するように、アルメニア人虐殺時の陸相エンヴェルが信奉したとされるパン・テュラン主義を強調する場合、この思想をオスマン帝国に広めたズィヤ・ギョカルプやユスフ・アクチュラらの活動が一九〇八年革命前後に始まることを考えると、アルメニア人襲撃事件を頂点とする一八九五－九六年のアルメニア人ポグロムと一九一五－一六年のアルメニア人虐殺との関係は弱くなる。また、そもそも当時のオスマン帝国は、軍事面での近代化が進行していたとはいえ、農業や手工業、交易に基盤を置いていて、工業化や大衆社会化が完成していたナチス体制とは当然異なっている。

一方、トルコ人研究者はアルメニア人虐殺をジェノサイドではないとするが、この主張はもともと欧米のトルコ史家のルイスやショーに始まる。ショーの場合、先に述べたホヴァニスィアンの批判に対して、「アルメニア人の困難は、帝国の末期的現象の中で起こったものであり、決してアルメニア人だけが災難を被ったわけではない」としている（Shaw 1978）。ショーは、安易な比較は避け、むしろ当時のオスマン政府の立場も考慮に入れて事件を研究すべきだと主張した。だが、この論争当時の一九七〇年代には、アルメニア人過激派組織「アルメニア解放のためのアルメニア人秘密軍（ASALA）」によるトルコ人外交官の暗殺などが続き、トルコ政府は自国の歴史学会を動員して反アルメニア・キャンペーンを繰り広げていたことは重要だ。そのためにトルコの学界では、アルメニア人のテロリズムをそのままオスマン帝国期に投影し、アルメニア人の政治運動をオスマン帝国からの分離主義だ、と非難する論調が主流となっていた（Uras 1988）。

たとえば、こうしたトルコ人研究者の一人アズミは、一九一五－一六年の事件は列強にそそのかされたアルメニア人が起こした反乱である、と主張している。その根拠としてしばしば挙げられるのが、アルメニア人ミッレト（宗教共同体）から西欧に特使が派遣されていたこと、オスマン帝国下でテロルを行うアルメニア人政党ダシュナク党（後述）が親露的であったことである。アルメニア人義勇兵がロシアのコーカサス戦線に従軍していたことも指摘されている（Azmi, n. d.）。

たしかにこうした事実はあるものの、第二節で述べるように、オスマン政府を支えたアルメニア人エリート層がいたことも忘れてはならない。また、彼が主張するような、列強が反乱の代償にアルメニア人に土地を与えるといった密約があった、という言説の証拠はない。

このように、アルメニア人とトルコ人の研究者の議論がまったくかみ合わないことは明らかだが、それでも最近は両者の溝を埋めようとする動きもわずかながら見られる。アルメニア系アメリカ人であるスーニーは、雑誌『アルメニアン・フォーラム』（*Armenian Forum*）の一九九八年第二号でトルコ人研究者アカルリ、デリンギル、さらにはダドリアンを加えて紙上討論を行った。ここでスーニーは、アブデュル・ハミト二世の専制期（一八七一－一九〇八年）を保守的なオスマン主義に基づいた中央集権化の時期であり、第二次立憲期（一九〇八－一八年）をテュラン主義に基づいた国民国家の建設期と規定し、一八九五－九六年と一九一五－一六年の虐殺の連続性に疑問を呈した（Suny 1998）。

アカルリ、デリンギルはともにこの見解を評価した。ただアカルリは、アルメニア人の悲劇はテュラン主義から導かれるものではなく、バルカン戦争時に欧州各国が常にキリスト教徒側を支持したために、オスマン政府がキリスト教徒に不信感を持っていたことに由来する、と主張して、積極的な反アルメニア感情はなかった、と弁明した(Akarli 1998)。これに対し、デリンギルは、そもそもスーニーがパン・テュラン主義の役割を過大評価してアナトリアのトルコ人の民族的覚醒とパン・テュラン主義と混同していると批判し、アルメニア人の殺戮は歴史の移行期に特徴的な現象である民族紛争なのだ、と指摘した(Deringil 1998)。

このトルコ人研究者のうち、特にデリンギルの批判には一理ある。「統一と進歩」委員会(青年トルコ党。以後「統一と進歩」と略)内で、たしかに陸相エンヴェルは、トルコ系諸民族が割拠する東方への進出を考え、第一次世界大戦時にはロシア領コーカサス地方への出兵を企てたが、盟友の大宰相タラートはそれほど東方に関心を持った形跡はない。もっとも、デリンギルは民族紛争の側面を強調することで、アルメニア人の殺戮はジェノサイドではないと主張したいのであろうが、ジェノサイドに民族紛争の要素があるのはむしろ当然で、問題は殺戮にどれだけ国家権力が関与していたか、である。

以上の議論を見ても、なぜ一九一五―一六年に、とりわけアルメニア人が虐殺・追放の対象になったのか、しかもアルメニア人の集住率が高いイスタンブルではなくロシア国境付近の東部農村地帯に犠牲者が集中したのか、という疑問に対しては、アルメニア人、トルコ人研究者のどちらの見解をとっても、十分に説明がつかない。

そこで本章では、史上初の総力戦である第一次世界大戦がオスマン帝国に与えた影響を重視してアルメニア人虐殺を捉えることにする。そもそも、戦争とは虐殺の一種だが、総力戦では敵国の国民だけでなく、自国民、特に少数者に対しても虐殺が行われる点が特徴的だ。第一次世界大戦の研究者ウィンターの分析では、総力戦には以下のような側面が見られると言う。①前線と銃後とが直接的、同時進行的に連関する、②軍部が戦時下の国民の最前線と再定義される、③反敵宣伝によって国民の想像力の動員が図られる、④憎悪、残虐行為、ジェノサイドが文化の面で準備される（Winter 2003）。

アルメニア人虐殺も、④の文化的要素が若干弱いとはいえ、こうした過程を経て出現した可能性は高く、十分検討に値する指摘である。特に②については、本章後半で、一九一四年にオスマン帝国に派遣されたドイツ軍事顧問団がアルメニア人虐殺に関与したことについて考察に加えるが、この作業をもって総力戦と虐殺の関係の一端を明らかにしたい。

ところで、一九一五―一六年のアルメニア人虐殺の犠牲者数について触れておく。資料が不十分なために、これは長く論争の的となっていた。各研究者の算出した推計について、アメリカの政治学者ルーウィのまとめたものを次頁に掲げておく。

この表の最初の四名のトルコ人と親トルコ的なマッカーシーは、犠牲者を少なく見積る傾向にあり、逆に親アルメニア的なテルノンや最後の三名のアルメニア人は、犠牲者を多く見積る傾向にあることは明らかだ。トルコ人側は、犠牲者が少ないからこの事件はユダヤ人ホロコーストとは性格が異なると主張し、逆にアルメニア人側は、犠牲者数が多いからジェノサイドなのだと主張する。ただ、注意しなければならないのは、そもそも犠牲者の数については、一九四八年に国連で採択されたジェノサイド条約の定義（つまり「国民的、人種的、民族的又は宗教的集団を全部又は一部破壊する意図で（a）集団構成員を殺すこと、(b) 集団構成員に対して重大な肉体的又は精神的な危害を加えること、(c) 全部又は一部に肉体の破壊をもたらすために意図された生活条件を集団に対して故意に課すること、(d) 集団内における出生を防止することを意図する措置を課すること、(e) 集団の児童を他の集団に強制的に移すこと) において規定されていない (瀬川二〇〇四)。犠牲者の数が少ないからといってジェノサイドの罪を放免したことにはならないし、反対に数が多いからといって国家が犯罪に関与したことの証明にはならない。疑いようもないのは、この事

算定者	出版年	アルメニア人犠牲者数
ハラチオール (Halaçoğlu)	二〇〇二年	五万六六一二
ギュリュン (Gürün)	一九八五年	三〇万
ソンイエル (Sonyel)	一九八七年	三〇万
オトケ (Ötke)	一九八九年	六〇万
マッカーシー (McCarthy)	一九八九年	六〇万程度
ケヴォルキアン (Kévorkian)	一九九八年	六三万
ツルヒャー (Zürcher)	一九九七年	七〇万程度
スーニー (Suny)	一九九八年	八〇万程度
テルノン (Ternon)	一九八一年	一二〇万
ダドリアン (Dadrian)	一九九九年	一三五万程度
カザリアン (Kazarian)	一九七七年	一五〇万
カラジアン (Karajian)	一九七二年	二〇七万〇三七

(出典：Lewy 2005, p. 240 の表をもとに作成)

件でアルメニア人の個々の生命だけでなく、アナトリアのアルメニア人の共同体そのものが消滅したことなのである(Lewy 2005)。

二 アルメニア民族運動史再考

一九世紀にオスマン帝国ではアルメニア人の銀行家や商人が、徴税請負権や貿易権を獲得し、帝国経済の先導者となっていた。また、二〇世紀初頭には帝国官僚、特に外務省と公共事業省でのアルメニア人官僚の比率は高かった。その点では、アルメニア人が一律に抑圧されていたとは言いがたい。ただ、政治面ではアルメニア人ミッレト内の自治は認められていたとはいえ、国政への参加は不十分だった。そのため、ヨーロッパの一八四八年革命の影響で知識人を中心に民主主義運動が開始されるのだが、当時アルメニア人はオスマン帝国とロシア帝国に分かれて居住していたという点は重要である。アルメニア民族運動は両帝国でほぼ同時に発生したとはいえ、二つの運動の性格は異なっていた。ロシア内のアルメニア人知識人には、ロシア人の革命運動の影響を受け、帝政打倒を目標とする者が多かった。これに対し、オスマン帝国内のアルメニア人には、トルコ人の「新オスマン人」運動の影響を受け、立憲主義を掲げる者が多かった(Artinian 1989)。そのため、当時のロシアのアルメニア人民族活動家は、オスマン側の同胞はきわめて異教徒に妥協的で、改革への意志が不徹底である、と批判した(吉村二〇〇〇)。

ところで、オスマン政府は一八五六年にキリスト教徒とムスリムとの法的平等を謳った改革勅令を発布、社会構造の変革に乗り出した。そして、一八七八年にロシア・オスマン（露土）戦争の戦後処理をめぐって開催されたベルリン会議では、列強間でオスマン帝国内のアルメニア人の自治が議題となった。その条約第六一条では、「これ以上滞りなく、アルメニア人が居住する諸州で要求する改善と改革を実行し、チェルケス人やクルド人の攻撃から住民の安全を保障すべく努める」ことがオスマン政府に求められた（Walker 1990）。

しかし、ムスリム中心の社会を、異教徒にも平等な政治的権利を認める社会に一挙に変えることは多くの困難を伴い、改革に反対するムスリム保守勢力と改革に不満なキリスト教徒民族主義活動家との対立は、激化することになる。そのため、アルメニア人社会では、西欧帰りの知識人を中心に民族主義政党が結成された。

その一方で、ロシア帝国内の同胞の民族主義運動も活発化していて、アルメニアを代表する民族政党アルメニア革命連盟（ダシュナク党）が、一八九〇年にチフリス（現在のグルジア共和国の首都トビリシ）で結成された。党は、政治活動において武力闘争をいとわなかった。ロシアで反ツァーリ運動を行うだけでなく、オスマン帝国では同胞の「解放」を目指してテロ事件を引き起こすことになる（Nalbandian 1967）。こうして、彼らが革命運動をオスマン帝国に輸出したことで、事態がいっそう複雑化した。その典型例が、一八九六年八月にイスタンブルで起こったオスマン銀行占拠事件であった。ダシュナク党の支持者がオスマン銀行を占拠して帝政のさらなる改革を要求した。犯人は国外逃亡したが、イスタンブルのアルメニア人街がムスリム勢力に襲撃され、多数の犠牲者が出た（Salt 1992）。さらに、前年から帝国東部で起こっていたアルメニア人農民反乱への弾圧と相まって、アルメニア人ポグロムとも呼ぶべき状況が出現した（いわゆる「第一次アルメニア人虐殺」）。

一九〇八年七月には「統一と進歩」やダシュナク党などによってアブデュル・ハミト二世が幽閉され、「統一と進歩」主導の立憲君主制が出現した。ところが、翌年四月にイスタンブルで起こったスルタン派の反乱をきっかけに、「統一と進歩」内で革命後の方針をめぐって中央集権派と地方分権派との対立が表面化し、中央集権派が勢力を増した（新井 二〇〇一）。またこの事件に影響を受けて、アナトリア南東部の都市アダナではアルメニア人とムスリムの衝突が起こった。

ダドリアンらアルメニア人研究者の一部は、この事件を第一次世界大戦時の虐殺の予行演習と見なしている（Dadrian 2003）。しかし、この事件をめぐる軍法裁判で処刑されたのはトルコ人九名、アルメニア人六名で、さらに事件から四カ月後には、トルコ人四六名、アルメニア人一名と、むしろムスリムのほうに厳しい判決が下った（設楽 一九八五）。この時点で政府が組織的にアルメニア人を弾圧していたとは言えない。また、政治理念の面では地方分権派に共鳴していたダシュナク党ではあったが、事件以降も「統一と進歩」の政府と直ちに決裂したわけではなく、一九一二年一月に行われたオスマン議会の選挙では「統一と進歩」と選挙協力を結んだ（Lewy 2005）。

それでは、いったいこの両者の対立はいつから始まったのだろうか。一つの背景として、一九一二年のバルカン戦争中に帝国内のギリシャ正教徒が敵国ギリシャ政府に寄付を行ったために、「統一と進歩」がギリシャ商店ボイコット、ムスリム商店愛顧運動を行ったことがある。そして、バルカン戦争の敗戦で流入する難民対策として、内相メフメト・タラートは、一九一三年に設立された特務機関を動員して、マルマラ海、エーゲ海沿岸地域からギリシャ人を脅迫して移住を余儀なくさせたと言われる。これによって約一五万人のギリシャ人がギリシャ本国へ去った（新井二〇〇一）。

こうして政府が敵性民族を選別する状況下では、アルメニア人の自治権拡大運動も猜疑の対象になった可能性は大いにある。とりわけ、オスマン帝国のアルメニア人エリート層を代表するボゴス・ヌバルが、カトリコス（アルメニア教会の首長）ゲヴォルク五世の要請を受けて、一九一二年以降、オスマン帝国下のアルメニア人の政治参加を促進するためにオスマン政府に圧力をかけるよう列強に要請していたこと、帝国東部で頻発するアルメニア人とムスリムの民族紛争に、ロシアから潜入するアルメニア人武装集団が関与していたことは政権側にとって懸念材料だった。

さらに一九一三年以降、オスマン政府は欧州各国とアルメニア人の自治権拡大問題について協議していたが、タラートの主導で一九一四年二月にオスマン政府はロシアと協定を結び、アナトリア東部にアルメニア人のために二州創設すること、その監視のために英仏露から二名の査察官の派遣を確約させられた(Hovannisian 1997)。しかし、ほどなくオスマン政府はドイツに接近し、この協定を反故にした。

三　「統一と進歩」とドイツ軍事顧問団

オスマン政府内では、一九一三年一月に大宰相府襲撃事件が起こり、タラート、ジェマルら「統一と進歩」による独裁政治が始まる。そして、翌年八月に陸相エンヴェル、内相タラートらは独断でドイツ大使と秘密軍事協定を結んだ（Trumpener 1968）。同時に、ドイツ軍事顧問団がオスマン帝国に派遣されることになった。参謀本部作戦部長などの要職を占めたドイツ軍高官らは、オスマン軍の作戦に大きな影響を与えることになった（Zürcher 1993）。一〇月には、オスマン海軍はドイツ人提督の指揮でロシア海軍を攻撃した。これによって、オスマン帝国はドイツ側に引き込まれるように第一次世界大戦に突入した。エンヴェルらにとってこの戦争は、宿敵ロシアに奪われ続けた帝国東部の領土を取り返し、ロシアから浸透するダシュナク党の影響を断ち切るために、またとない好機であった。ところが一二月にエンヴェルが九万の軍勢を従えてコーカサス攻略を試みたが失敗し、生き残った兵士はわずか一万二〇〇〇だった（新井 二〇〇一）。ロシアのアルメニア人活動家は勢いづき、ロシア軍に従軍したり独自の攻撃部隊を編成したりして、アナトリアに侵入した（Hovannisian 1969）。

ウォーカーによれば、第一次世界大戦中の一九一五年四月、ヴァン地方のアルメニア人の反乱を契機に「統一と進歩」政権内でアルメニア人移送作戦が計画されたと言う（Walker 1997）。そして、オスマン帝国の著名なアルメニア人政治家や知識人が四月二四日に官憲に連行され、後に殺害された（アルメニア共和国ではこの日を「虐殺犠牲者追悼の日」としている）。

以後、オスマン政府はロシア国境地帯のアルメニア人をシリア、イラク方面に追放した。さらに、クルド人との民族紛争、ロシア方面への逃亡でアルメニア人の人口は激減した。その後、英仏露米の首脳部は、ドイツ人武官が「統一と進歩」にアルメニア人の強制追放と撲滅を教唆し、大虐殺の隠匿を援助したと告発した。そして、同様の非難は欧米のアルメニア人からもなされ、オスマン政府は欧米各国政府の批判を浴び始めた。しかし、この移送作戦は一年以上も秘密裏に行われ、タラートが大宰相に就任する一九一七年二月頃にようやく終息した（Lewy 2005）。

ところが、一九一五年から一六年にかけて『ケルニシェ・ツァイトゥング』紙のイスタンブル特派員は、「最上位に至るまでのあらゆる階級の」ドイツ人たちから、「事実に基づかないアルメニア人に対する悪意ある中傷」を聞いたと記している。さらに彼は、ドイツの武官たちが、「アルメニア人集団虐殺の援助を冷酷にも主導した」事例を挙げた。また、ドイツの在イスタンブル大使館付の牧師は一九一八年のレポートで、「ドイツは戦争遂行のためにオスマン帝国を必要としたが、その事実がアルメニア人虐殺を可能にしたのであろう。ドイツ人高級武官は、政治的結果を意に介さず、常に甚大な被害を与えるべく軍事戦略の助言を与え続けた」と述べている。

この虐殺・追放に対するアルメニア人側の報復として、一九二一年三月一五日にベルリンでこの首謀者と見なされていたタラート・パシャが暗殺される事件が起こった。この公判でドイツ軍関与の一端が明らかになる。同じ頃、ベルリンの『ドイチェ・アルゲマイネ』紙は反アルメニア・キャンペーンを展開した。このキャンペーンは駐イスタンブル大使館付海軍武官の強い影響下にあり、同年六月八日号に掲載された記事は、「アルメニア人が数千人ものムスリムを殺害したため、トルコ人が自衛手段に出たのであって、エンヴェル、タラートには罪がない」という論調で、殺害されたタラートら「統一と進歩」側を弁護するものだった。

また、ドイツ軍参謀本部長ブロンザルト・フォン・シェレンドルフは、手記で「タラート・パシャは、ロシアにそそのかされてオスマン軍の背後で反乱を起こした不忠なアルメニア人たちをメソポタミアに移送した。これは、トルコ人の正当な利益にそって行動したのだと自分が立証しよう」と、タラートらの政策を擁護している。また、ドイツ人武官グーゼは、一九一四年から一七年までコーカサス戦線でプロイセン軍高級将校として勤務していたが、二一年六月の記事で、オスマン帝国下のアルメニア人全体を激しく非難し、「アルメニア人の蜂起があったためにロシア軍が(一九一五年五月から)攻勢に出たのだ」と主張した。その数日後、今度は参謀本部作戦部長フェルトマンによる記事が出て、「アルメニア人を排除するようにオスマン軍側に忠告したことは否定できないが、それを実行したのはオスマン軍だ」と自らの行為を正当化した(Dinkel 1991)。

なお、「タラート・パシャ暗殺事件」の裁判では、事件が国際問題化することをおそれたドイツ政府の政治的判断から、被告S・テイレリアン(テイリリアン、テフリリアンとも)が、「精神異常」を理由に無罪となる。この判決はアルメニア人、トルコ人双方にとって不満であったが、やがて、この事件だけでなく、虐殺そのものも、国際社会から忘れられていった(Hofmann 1989)。

結び

アルメニア人虐殺は、オスマン帝国という宗教に基盤を置いた多民族帝国から、トルコ共和国という国民国家への転換の過程で起こった事件であることは間違いない。パン・テュラン主義という民族主義的イデオロギーが第一次世界大戦前夜の「統一と進歩」の関係者に浸透し始めていたことも事実である。しかし、非ムスリムの中でもとりわけアルメニア人が大戦中に移送や虐殺の対象となった理由については、彼らがロシアの潜在的なスパイと見なされていた事実をまず認めなければ、説明がつかない。この点で、自然発生的で民族紛争の色彩の強い一九世紀末の「第一次アルメニア人虐殺」とは著しい違いがある。

そのさい、ドイツ人軍事顧問団が、オスマン政府首脳に「影響力」を与えた点は注目に値する。しかし、いつどこで顧問団の軍人たちがエンヴェルやタラートらに戦略を助言したり、強制移住について指示を与えたりしたかを決定するのは、現在のところ難しい。今後の研究が待たれる。

なお、冒頭でも触れたディンクの裁判沙汰になった記事は、トルコにさまざまな個性を持った民族がいることを主張すると同時に、「アルメニア人の清浄な血に、トルコ人が放つ毒された血が混ざっていくといった考えが存在することを認識されよ。この認識に根本的な責任があるとすれば、世界に散ったアルメニア人というよりもむしろアルメニア共和国の指導者である」と、行き過ぎたアルメニア純血主義を戒めている。トルコとアルメニアが和解するためにも、一刻も早く歴史認識の差を縮める作業が求められている。歴史学が果たす役割は大きくなるだろう。

参考文献

新井政美（二〇〇一）、『トルコ近現代史』みすず書房。

設楽國廣（一九八五）、「オスマン帝国におけるイスラムと民衆」『史潮』新18、六八－八三頁。

瀬川博義（二〇〇四）、『忘れ去られたアルメニア人虐殺―ジェノサイド犯罪の防止及び処罰に関する事例研究』三恵社。

吉村貴之（二〇〇〇）、「ナルバンディアンの旅」『ロシア史研究』第67号、四五－六〇頁。

Akarli, E. D. (1998), Particularities of History, *Armenian Forum,* vol. 2, pp. 62–64.

Artinian, V. (1989), *The Armenian Constitutional System in the Ottoman Empire 1839–1963*.

Azmi, S. (n. d.) , Armenians and the 1915 Event.

Dadrian, V. N. (1996), Comparative Aspects of the Armenian and Jewish Cases, Rosenbaum, A. S. ed., *Is the Holocaust Unique?*, Westview Press, pp. 111–114.

— (2003) , *The History of the Armenian Genocide,* Berghahn Books.

Deringil, S. (1998), In Search of a Way Forward, *Armenian Forum,* vol. 2, pp. 65–72.

Dinkel, C. (1991), German Officers and the Armenian Genocide, *Armenian Review*, Spring 1991, pp. 77–133.

Findley, C. V. (1982), The Acid Test of Ottomanism: The Acceptance of Non-Muslims in the Late Ottoman Bureaucracy, Braude, B. & Lewis, B. eds., *Christians and Jews in the Ottoman Empire : The functioning of a plural society*, Holmes & Meier Pub., pp. 339–368.

Hofmann, T. (1989), New Aspects of the Talât Pasha Court Case, *Armenian Review*, Winter, pp. 41–53.

Hovannisian, R. G. (1969), *Armenia on the Road to Independence*, University of California Press.

—(1978), The Critics View in “Forum: The Armenian Question,” *International Journal Middle East Studies,* 9, pp.383–385.

— (1997), The Armenian Question in the Ottoman Empire, 1876–1914; Hovannisian, R. G. ed., *Armenian People from Ancient to Modern Times*, vol. II, Palgrave Macmillan, pp.203–238.

Lewis, B. (1968), *The Emergence of Modern Turkey*, 2nd ed., Oxford University Press.

Lewy, G. (2005), *The Armenian Massacres in the Ottoman Turkey,* University of Utah Press.

McCarthy, J. (2001), Let the Historians Decide, *Armenian Studies,* 1.

Nalbandian, L. (1967), *The Armenian Revolutionary Movement*, University of California Press.

Salt, J. (1992), *Imperialism, Evangelism and the Ottoman*

Armenians 1878-1896, Routledge.

Shaw, S. J. & E. K. (1976) , *History of the Ottoman Empire and Modern Turkey,* Cambridge University Press.

— (1978), The Authors' Respond, "Forum: The Armenian Question," *International Journal Middle East Studies,* 9, p.399 .

Suny, R. G. (1998), Empire and Nation, *Armenian Forum* 2, pp. 17–52.

Ternon, Y. (1999), Freedom and Responsibility of the Historian: the "Lewis Affair," Hovannisian, R. G. ed., *Remembrance and Denial*: The Case of the Armenian Genocide, Wayne State University Press, pp. 237–248.

Trumpener, U. (1968), *Germany and the Ottoman Empire 1914-1918,* Caravan Books.

Uras, E. (1988), *Armenians in History and the Armenian — Question,* Documentary Publications.

Walker, C. J. (1990), *Armenia : The Survival of a Nation*, 2nd ed., Routledge.

— (1997), World War I and the Armenian Genocide; Hovannisian, R. G. ed., *Armenian People from Ancient to Modern Times,* vol. II, St. Martin's Press, pp. 239–273.

Winter, J. (2003), Under Cover of War: The Armenian Genocide in the Context of Total War, Gellately, R. & Kiernan, B.eds., *The Specter of Genocide : Mass Murder in Historical Perspective*, Cambridge University Press, pp. 189–213.

Zürcher, E. J. (1993), *Turkey : A Modern History*, I.B. Tauris & Co. Ltd.

第4章　アゼルバイジャンにおけるジェノサイドをめぐる負の連鎖

廣瀬　陽子

現在のアゼルバイジャンとその周辺地域

はじめに

アゼルバイジャン人がジェノサイド（虐殺）の被害者であるという認識は、国際的にはあまり共有されていないが、同国は毎年三月三一日を「ジェノサイド記念日」としている。これは、一九九八年に故ヘイダル・アリエフ大統領が大統領令によって定めたもので、アゼルバイジャン人が二〇世紀に味わった大量虐殺や追放など悲劇的な事件に関する民族の記憶を呼び起こし、世界に訴えながら追悼しようというものだ。

なぜ三月三一日かと言うと、後述のとおり、一九一八年の三月三一日から四月一日まで、バクー（現在のアゼルバイジャンの首都）のアゼルバイジャン人の約半数が虐殺されたからである。例年、虐殺記念日には半旗が掲げられ、大統領を先頭に要人が虐殺被害者の眠る「殉教者たちの小道」を行進し、常時点灯されている記念碑の前で黙祷をささげる。そして大統領や国会は、アゼルバイジャンの領土を占領し続けているアルメニア軍がアゼルバイジャン人への弾圧を続けていること、またアゼルバイジャン人に対する虐殺の歴史の背景にあるのは「大アルメニア」思想に代表される、アルメニア人の過激な民族主義であったことを、国連や諸外国に対しアピールしているのである。アルメニア人による虐殺に関する書籍も数多く出版されており、その多くは政府が出版に関わり、アゼルバイジャン語に加え、英語やロシア語など二、三カ国語で書かれている。世界中の在外アゼルバイジャン人も在住国の大統領などに書簡を送るなどし、虐殺の歴史の周知に努めているのである。

一　背景としての「アルメニア・タタール戦争」と「アルメニア人虐殺」

アゼルバイジャン人とアルメニア人の間には、歴史的に敵対を強める出来事が多くあった。また、両民族の関係を考える上で、アルメニア人虐殺を考慮せざるを得ない。

まず一八九五―九六年に、オスマン帝国領内で、アルメニア人に対する虐殺事件が起きた。これは、第一次アルメニア人大虐殺と言われ、オスマン領内のアルメニア人の民族運動を弾圧したものである。

次のアルメニア人虐殺の舞台はコーカサスである。一九〇五―〇七年のアルメニア・タタール戦争は、後述の一九八八年のスムガイト事件と対比されることも多いが、同様にさしたる前触れもなく突然起きた。

伏線としては、まず、両民族間に社会的・階級的緊張、つまり、①都市の豊かな商人であるアルメニア人と貧しいアゼルバイジャン人労働者、②武装して強力なアゼルバイジャン人遊牧民とさしたる武力を保持しないアルメニア人農民、③アゼルバイジャン人地主とアルメニア人小作農、というような格差があった。また、アゼルバイジャン人はムスリムで、アルメニア人はキリスト教徒である。しかし、それらは民族間対立というレベルのものではなかった。

次にムスリム住民の間で、ロシア皇帝の敵であるアルメニア人がムスリム虐殺を企てているという噂が広まっていたことがある。だが、これはコーカサス総督ゴリツィンおよびバクー知事ナカシーヅェが、民族紛争によって革命の危機を切り抜けようと策謀を働いた結果だと信じられている。

そして、直接的な原因となるのがアゼルバイジャン人のハッジ・レザー・ババイェフがアルメニア人にバクーで殺害された事件である。その事件に激昂した数千人ものアゼルバイジャン人が、一九〇五年二月六日に、バクーのアルメニア人居住区であるアルメニケントを襲撃し、三日間暴力と略奪を繰り広げた。

こうして始まった騒乱は、二月にエレヴァン、五月にナヒチェヴァン、六月にシューシャに、一一月にはギャンジャとトビリシに、というようにコーカサス中に広がった。アルメニア人のダシュナク党はアゼルバイジャン人村落に対する無差別攻撃によって報復を始めた。バクー県知事ナカシーヅェが暗殺され、ダシュナク党が各地のアゼルバイジャン居住地を攻撃していった。その結果、一二八のアルメニア人集落、一五八のアゼルバイジャン人集落が攻撃を受け、三千人から一万人とも言われる死者が出た。ダシュナク党員は軍事的な訓練を組織的に積んでいたため、アゼルバイジャン人の犠牲者が圧倒的に多くなったと言われている。

このように、バクー事件はアゼルバイジャン人側が最初に仕掛けたものであるにもかかわらず、結果的にはアゼルバイジャン人により多くの被害者が出たため、その指導者層は、軍事組織「ダッフェ（撃退）」を編成して反撃の態勢を整えた。更迭されたゴリツィンに代わって総督となったヴォロンツェフ＝ダシュコフは、両民族を取り持とうとしたが、アルメニア人は汎イスラム主義的な煽動を、アゼルバイジャン人側は、ダシュナク党の武力行使を批判し、和解には至らなかった。そして結果的に、新総督は、南コーカサスにおけるパートナーをアゼルバイジャン人からアルメニア人に乗り換えることになる。治安維持のためにダシュナク党員の武力すら利用し、ロシア帝国のストルイピン首相の叱責を受けたほどであった。

しかし、アルメニアのゴリスの住民のコーカサス総督に対する請願書（一九〇六年一〇月五日）に表れているように、一般住民も民族間紛争がツアーリズムに扇動されていることに気づいていた。そのため、アルメニアのエリヴァン県の多くのアルメニア人農民が、不測の事態に備えてアゼルバイジャン人を自宅に匿い、アゼルバイジャンでも同じような行動がとられたと言われており、地区によっては両民族が外部の敵に対して共闘することも決定されたという。また、各地で紛争鎮静化の推進が決議され、宗教の別なく諸民族が楽しめるような催しや集会が行われたほか、工場における民族的な分離状況の改善のために、アルメニア人の工場ではアゼルバイジャン人を、アゼルバイジャン人の工場ではアルメニア人を雇用するアファマーティブ・アクション的な措置がとられ、多方面で紛争鎮静化が目指された。それでも混乱状況は二年ほど継続し、民族間の憎悪がさらに拡大することとなったのである。

そして、一九一五年四月一五日にオスマン領内で第二次アルメニア人虐殺が開始された。それは二二年頃まで続き、一説では一五〇万人が死亡、六〇万人が国外追放されたと伝えられているが、現在のトルコ政府は虐殺の事実を否定している。他方、欧米に逃れたアルメニア人とその子孫は、移住先の政府に虐殺の認知を求め、欧米諸国の議会でアルメニア・ロビーが盛んに虐殺の事実を政府として公認することを法律に盛り込もうとしていることも、トルコと諸外国間の外交問題となってきた。また、アルメニア人の一部は、第一次世界大戦後、報復として、トルコ内外に居住する外交官や政府要人に対するテロを長期にわたって続けていた。

紙幅の関係もあり、アルメニア人虐殺についての詳細は本章では触れず（本書、第3章参照のこと）、ここではこの虐殺が、アルメニア人によるアゼルバイジャン人虐殺に直結している、という事実のみを強調したい。

アゼルバイジャン人はテュルク語系の民族であり、アルメニア人はアゼルバイジャン人をトルコ人と同一視している。また、「アゼルバイジャン人」という呼称は新しいもので、ソ連時代以前は、アゼルバイジャン人は他のテュルク語系諸民族と区別されることなく「タタール人」と呼ばれていた。そのため、前述の両民族の衝突は「アルメニア・タタール戦争」と言われるのである。アルメニア人にとって、トルコは敵として強大すぎたが、アゼルバイジャン人に対しては勝算があった。そして、このような考え方が後に、係争地であるナゴルノ・カラバフ地方奪還の気運を刺激することになる。

二　トルコ人の身代わりとしてのバクー虐殺

一九〇五年のアルメニア・タタール戦争以来、アゼルバイジャン人とアルメニア人の関係は緊張していたが、一八年四月にバクーにおいて再びアゼルバイジャン人の虐殺事件が起こる。バクーは、一七年のロシア革命の影響をコーカサスの中で最も早く、強く受けた都市である。理論上、革命を実行するのは労働者とされていた一方、ロシア帝国では産業革命は起きていなかったため、バクーのように石油産業の労働者を有する地は稀少だった。そして、石油産業の労働者はボリシェヴィキ革命の担い手となり得たし、商人などとして成功していた町のアルメニア人は革命と連動して民族主義を高揚させていった。こうして、ソヴィエト革命委員会とアルメニアのダシュナク党の不安定な勢力均衡に基づく連合が、革命後のバクーで支配的な力を持つようになったのである。

他方、バクーではボリシェヴィキとアゼルバイジャン民族主義政党であるムサヴァト党が対立をしていたのを尻目に、三月一四日にダシュナク党の部隊がシャマハへの道中、アグデレ、ノヴハンリ、ガルフンルなどを攻撃し、被害が拡大していた。

そのような中で、二四日にアゼルバイジャン人の編成部隊「野蛮師団」とボリシェヴィキの軍事革命委員会が衝突したため、市のソヴィエト執行部は彼らの武装解除を行った。その事実を知った武装したアゼルバイジャン人が武器の返還と謝罪を要求し、市ソヴィエトは武器の返還を決定していた。それにもかかわらず、三〇日夕刻にシャマハでソヴィエト革命委員会の兵士とアゼルバイジャン人が交戦状態に入ってしまう。翌三一日、つまりアゼルバイジャン虐殺記念日には、市街戦がバクー市のほぼ全域に拡大したため、市ソヴィエトは野蛮師団に退去を求めた。ムサヴァト党は最後通牒を受け容れたが、アゼルバイジャン市民は初めて戦闘を経験したため、引き際がわからず、戦闘をやめることができなかった。

翌四月一日、戦乱がアルメニア人街にまで拡大すると、それまで中立を守っていたダシュナク党が指揮するアルメニア人部隊が軍事革命委員会側に参戦した。このさい、アルメニア人部隊は党派にかかわらず、非戦闘員を含むアゼルバイジャン人を無差別に殺害したため、死者はバクーだけでも、八〇〇〇人から一万二〇〇〇人、説によっては一万五〇〇〇人から二万人にものぼったと言われる。また、ムスリムであるアゼルバイジャン人にとって非常に大切な金曜モスクも焼き払われてしまった。シャマハ地区では、五八カ村が焼き払われ、一六五三人の女性と九九五人の児童を含む七〇〇〇～一万人が殺された。一四日には、ライェフ率いる軍の襲撃により、レンカランのアゼルバイジャン人に多大な犠牲者が出たと言われる。グバではダシュナク党部隊により約二〇〇〇人が殺され、一〇五軒の家が焼き払われた。こうして同年の三月、四月で、アゼルバイジャン全土で女性、子どもを含む五万人が犠牲となり、多数の難民も発生したのである。

このようなアゼルバイジャンでの動きと並行して、、アルメニア人は「トルコ人のいないアルメニア」という民族主義的な計画の下に、アルメニアでもアゼルバイジャン人の虐殺や追放を進めていた。たとえばエレヴァン地区では、一九一六年に三七万五〇〇〇人いたアゼルバイジャン人が、一九二〇年には七万人ほどに減っていたと言われる。一九一八年四月二九日にギュムリ近辺のアゼルバイジャン人約三〇〇〇家族が追われ、五月には、カルス近くのシシュテペとドゥズケンドのアゼルバイジャン人約六〇〇人が殺され、さらに四月二五日から一〇日間の間は、スバタン、イランリ、ガラガシュ、デレジク、テクネリなどが流血の惨事に見舞われた。

それでは、なぜこの虐殺は起きたのか。まず、背景としてムサヴァト党内に汎トルコ主義が深く浸透し、ボリシェヴィキとの協力共存が難しくなっていたことがある。そして、最も直接的な原因は、エルズルムから後方に退去していたアンドロニク将軍率いる六〇〇〇人規模のアルメニア人実戦部隊の存在だと考えられている。彼らは高度に熟練した古参兵であり、またこれ以前に東部アナトリアで民族的復讐を謳った虐殺を繰り広げていた。

アゼルバイジャン人虐殺は、アルメニア人が一九一五年の大虐殺の恨みをアゼルバイジャン人に対して果たしたものとも言えるが、ロシア人とアルメニア人が結託していたことがアゼルバイジャン人の被害者意識を複雑にした。アゼルバイジャン人は、無罪の自分たちがアルメニア人からもロシア人からも虐殺されるというような虐殺の被害者であるという堅固な意識を持つようになったのである。

しかし、虐殺の流れはこれで終わらず、アルメニア人は高い代償を支払わされることになる。一九一八年九月にオスマン軍がバクーに入城すると、アゼルバイジャン兵がアルメニア人に対して無差別虐殺を行ったのである。この際の死者は九〇〇〇人とも言われる。なお、本件に関しては、アゼルバイジャン政府が加害者とされる約一〇〇人を処刑することにより、責任の所在を明確にした。

さらに、両民族間の流血の惨事は続いた。一九一七年一一月の一〇月革命（「二月革命」「一〇月革命」の二つの革命の総称がロシア革命。なお、「二月革命」「一〇月革命」は当時ロシアで用いられていたユリウス暦における革命勃発日に基づく名称であり、現在一般的に使用されているグレゴリオ暦では三月と一一月に勃発したことになる）の結果、一八年四月一一日にザカフカース民主共和国連邦が成立していたが、その連邦はわずか一カ月ほどで解体することとなった。そして、グルジア、アゼルバイジャン、アルメニアが各々独立したが、その領土分割に対するアルメニアの不満が新たな民族虐殺の火種となったのである。アルメニア共和国の政権を握っていたダシュナク党は、「海から海までの大アルメニア」、すなわちカスピ海から地中海まですべてをアルメニア領とすることを目指してきたため、トルコ、グルジア、アゼルバイジャンに対して領土要求を行った。トルコ、グルジアに関する詳細はここでは割愛するが、アゼルバイジャンについてはナゴルノ・カラバフの西部が係争地となったのである。しかし、アルメニア軍は西部国境での戦闘で手一杯であり、カラバフに軍を送る余裕がなかったため、アゼルバイジャンの地方権力と武装したアルメニア住民の間での緊張が長期化することとなった。

一九一八―二〇年に、アルメニア本国のアルメニア人は、イグディルとエチミアジン地区の六〇カ村のアゼルバイジャン人全員、ゴイチャ地区のアゼルバイジャン人約六万人、バヤジッドの二二カ村の一万五〇〇〇人ほどを殺害、八四カ村を廃墟としたという。さらにエレヴァン地区ではすべてのムスリムの村が、スルマリン地区では九八カ村が廃墟となり、ザンゲズル地区では一一五カ村が廃墟となって、約一万人が殺害された。

他方、一九二〇年四月、赤軍は突然アゼルバイジャンを占領し、ナリマン・ナリマノフの指揮下にアゼルバイジャン・ソヴィエト社会主義共和国が成立した。しかし、ナゴルノ・カラバフでの両民族間の戦闘は、アルメニア人が徹底的に弾圧されるまで継続したのである。

そして、最終的にはコーカサスの線引きはモスクワが行った。その間、紆余曲折があったが、結局アルメニアは要求していた領土のうち、アゼルバイジャンとの係争地だったザンゲズルなどを獲得したものの、アハルツィヘ（グルジア）、ナゴルノ・カラバフとナヒチェヴァン（アゼルバイジャン）、カルス（トルコ）を得られず、以後奪還が目指されることとなる。

三　繰り返される虐殺の伏線に

そして、アルメニア人がアゼルバイジャン人を虐殺し、またその仕返しが相互に続き、それにロシア人も加わるというソ連成立当初に起きた一連の虐殺の構図は、その後も続いた。

ソ連時代は、モスクワの厳しい統制の下で民族問題はかなり抑え込まれていたが、問題が消失したわけでは決してなかった。一九四七年に行われたアルメニア領からのアゼルバイジャン人の追放に関する旧ソ連の閣僚委員会による特別決議の採択が、アルメニアにとっては一つの追い風となり、四八－五三年には、国家レベルの民族浄化が行われ、大量のアゼルバイジャン人が追放された。アゼルバイジャン側はそれを歴史的な犯罪と位置づけている。

また、一九六五年の「アルメニア人虐殺五〇周年記念集会公式行事」にも注目する必要がある。この行事は、「われわれの土地、われわれの領土」という叫び声とともに、参加者の街頭デモに発展したが、それを機に、アルメニア人の「未回収のアルメニア」奪還の最優先順位が、聖地アララト山があるカルスからナゴルノ・カラバフに変更された。なぜなら、トルコはあまりに強大な敵であるが、アゼルバイジャンならばソ連内の小さな敵であり、またソ連領内での境界線変更の前例もあったからである。

そして、ナゴルノ・カラバフ紛争が勃発する（本章で特記したスムガイト事件、ホジャル大虐殺、紛争の政治的利用を含むナゴルノ・カラバフ紛争の詳細は、廣瀬 二〇〇五を参照されたい）。同紛争はソ連邦下ではアゼルバイジャンの自治州だったナゴルノ・カラバフのアルメニア系住民が同地のアルメニアへの帰属替えを要求し始めたことでペレストロイカ期の一九八七年末に再び浮上したことに端を発する。八八年からはスムガイト事件を契機に両民族間の対立が暴力化し、ソ連崩壊前からは両国間の武力紛争に発展、ソ連崩壊後は旧ソ連軍の近代兵器が総動員されて全面戦争となった。

一九九四年五月に、ロシアのイニシアティブで停戦合意が結ばれ、以後、当地のアルメニア人が普通選挙に基づく政府や独自軍も備えた通常の「国家」の形式を整え、「ナゴルノ・カラバフ共和国」を自称して、現在に至るまでアゼルバイジャン領の二〇パーセントを占領し、同地とアルメニア本国を連結した形で停戦が維持されている。紛争の犠牲者数については諸説あるが、比較的一般的な数字は、死者一万五〇〇〇〜二万人、負傷者五万人である。相互の民族浄化の結果、アルメニア人は約三四万五〇〇〇人が難民に、アゼルバイジャン人約一〇〇万人が難民および国内強制移住者になった。特にアゼルバイジャン難民・国内避難民には、いまだに難民キャンプ生活を余儀なくされている者もおり、深刻な社会問題となっている。

ナゴルノ・カラバフ紛争は、政治的・軍事的性格を有する紛争だと見るのが一般的であり、両者の連関を切り離して考えることはできない。紛争中、アルメニア人もアゼルバイジャン人も、相互に虐殺や追放を激しく進めたが、両民族が相手の残虐性を言うときに、特に頻繁に言及されるのが、一九八八年二月二七―二八日にアゼルバイジャンのバクー近郊の工業都市スムガイトで行われたアルメニア人に対する「虐殺」事件である「スムガイト事件」と、九二年二月二五―二六日にナゴルノ・カラバフのアゼルバイジャン人居住地区ホジャルで行われたアゼルバイジャン人に対する「ホジャル大虐殺」（本事件を「虐殺」ないし「大虐殺」と呼ぶには意見が分かれるので、本書では、以後「ホジャル事件」と表記する）である。

スムガイト事件の死者はアルメニア人二六人、アゼルバイジャン人六人とされているが、アルメニア側が「アゼルバイジャン人の野蛮性を証明する典型的事件」として激しく批判する一方、アゼルバイジャン側ではアルメニア人が虐殺を始めた、事前にアルメニアと結託したソ連当局に仕組まれた、など諸々の陰謀説が強く信じられており、依然として情報が錯綜している。

また、ホジャル事件の被害者については、アゼルバイジャン政府による公式数字によれば、六一三人死亡、四八七人が重傷、一一二人が行方不明となり、一二七五人が捕虜に取られたとされる。捕虜は極寒の中で食料も与えられず、金品は略奪され、男性は拷問に遭い、子どもを含む大衆の前でアゼルバイジャン人が虐殺されたり、遺体を辱められたりしたという。なお、一八〇人はいまだに帰還していないが、ほとんどの捕虜は人民戦線の尽力で相互に交換された。だが、アルメニア側はこの事件に関するアゼルバイジャン側の説明に真っ向から反対している。

この二つの「虐殺」に共通する奇妙な特徴は、それらを相互に「自作自演」だと言い合っていることだ。つまりアゼルバイジャン人は、スムガイト事件は、世界におけるアゼルバイジャンに対する批判を煽り、紛争勃発の契機をつくるために、アルメニア人とソ連KGBが共同で行った作戦だと言っている。また、実際にそのような説に説得力を持たせるような証言も数多く聞かれる。逆に、ホジャル事件については、アルメニア人（および当時の政権に反対的なアゼルバイジャン人の一部）が当時アルメニア人に同情的だった世界の世論を揺るがすためにアゼルバイジャン人民戦線が行ったと主張している。「自作自演」の真偽の検証は、現状では不可能であるが、そのような相互の疑惑の中で虐殺の連鎖が続くのは皮肉なことである。

また、ナゴルノ・カラバフ紛争のプロセスの中で、「アゼルバイジャン人のアルメニア人に対する虐殺をやめさせる」という口実で、実は、アゼルバイジャンで有力になってきた人民戦線に打撃を与え、ソ連全体で勢いづいていた各地の人民戦線に見せしめにしようとしてソ連軍によるアゼルバイジャン人虐殺事件も起きた(黒い一月事件)。さらに、ソ連崩壊後の激化したナゴルノ・カラバフ紛争においても、ロシアは兵器や軍事要員を援助することにより、実質的にアゼルバイジャン人の虐殺に関与した。ロシア人による敵対行為は、アゼルバイジャン人の虐殺の被害者意識をよりいっそう高めるものであった。

このような虐殺・紛争および両民族の敵対感情が悪化していく悪循環を助長しているのが、紛争の内政への利用と、紙幅の都合により本章では割愛するが、地政学的位置および国際関係である(廣瀬二〇〇五)。特に、アゼルバイジャンのアリエフ父子の政権はナゴルノ・カラバフ紛争のみならずバクー虐殺などアゼルバイジャン史上のアルメニア人の残虐行為を繰り返し強調し、テレビでも連日紛争中の残酷な映像を放映するなどして、国民の反アルメニア人感情を高め、内政に対する国民の不満をアルメニア人に振り向けているほか、ナゴルノ・カラバフ紛争に対する前政権の失政を批判することで現政権の正統性を強くアピールし、内政の安定に利用している。

このように、一九一八年のバクー虐殺は、後のアゼルバイジャン人とアルメニア人による一連の相互の民族虐殺の伏線となったのである。

表1　繰り返される民族浄化と被害者・加害者の置換プロセス

<table>
<tr><th>年</th><th>事件</th><th>被害者</th><th>加害者</th><th>備考</th></tr>
<tr><td>1895-96</td><td>アルメニア人大虐殺</td><td>アルメニア人</td><td>トルコ人</td><td></td></tr>
<tr><td>1905-07</td><td>アルメニア・タタール戦争</td><td>アゼルバイジャン人</td><td>アルメニア人</td><td>当時のアゼルバイジャン人の呼称はタタール人</td></tr>
<tr><td>1915-22</td><td>アルメニア人大虐殺</td><td>アルメニア人</td><td>トルコ人</td><td></td></tr>
<tr><td>1918</td><td>バクー虐殺</td><td>アゼルバイジャン人</td><td>アルメニア人・ロシア人</td><td rowspan="3">アルメニア人はトルコ人とアゼルバイジャン人を同一視</td></tr>
<tr><td>1918-20</td><td>民族浄化の応酬</td><td colspan="2">アゼルバイジャン人・アルメニア人双方</td></tr>
<tr><td>1948-53</td><td>民族浄化の応酬</td><td colspan="2">アゼルバイジャン人・アルメニア人双方</td></tr>
<tr><td>1988</td><td>スムガイト事件</td><td>アルメニア人</td><td>アゼルバイジャン人</td><td rowspan="4">ナゴルノ・カラバフ紛争は、スムガイト事件以後1994年の停戦まで相互虐殺常態化</td></tr>
<tr><td>1988-94</td><td>民族浄化の応酬</td><td colspan="2">アゼルバイジャン人・アルメニア人双方</td></tr>
<tr><td>1990</td><td>黒い一月事件</td><td>アゼルバイジャン人</td><td>ロシア人（ソ連軍）</td></tr>
<tr><td>1992</td><td>ホジャル事件</td><td>アゼルバイジャン人</td><td>アルメニア人</td></tr>
</table>

（筆者作成）

表1のように、一部、トルコ人とロシア人が加害者となっているが、基本的にアルメニア人とアゼルバイジャン人は交互に虐殺を繰り返している。アルメニア人がトルコ人とアゼルバイジャン人を同一視し、アゼルバイジャン人がロシア人とアルメニア人が結託していると考えていることを考慮すれば、この図式はより明確になるだろう。しかもかつての被害者は、被害者意識から何も罪悪感を持たずに、次の機会にはより大規模な虐殺の加害者となっていくのである。このように歴史を見れば、被害者と加害者の置換の連続が起きており、かつ虐殺の規模と相互間の憎悪が拡大していくことが確認できる。

四　結びにかえて

アゼルバイジャンにおけるジェノサイドの構図を分析すると、以下のようにまとめられるだろう。

まず二〇世紀には、二度にわたる相互の民族虐殺の波があったが、どちらも状況が似ているということがある。それらの類似点は、以下の六点にまとめられるだろう。すなわち、①元来やや不穏な空気があった、②革命、ペレストロイカなど国家体制の変動・混乱期に乗じて騒動が起きた、③虐殺は何の前触れもなく起こり、直接的原因とされるものは非常に些細な事件である、④虐殺は当局に扇動されていると考えられる、⑤一度虐殺が始まると、エスカレートして大虐殺へと発展する、⑥虐殺の過程で加害者と被害者の置換プロセスが生まれ、次第に双方の敵意・憎悪は増幅され、両民族の溝はより深くなる。

そして、虐殺の伏線として、一連の過去の出来事が大きな要素を占めていることは間違いないが、かといって純粋な歴史的事実が反映されているとは限らないこともまた事実だろう。虐殺、紛争に関して語られる事実には、被害者意識によって誇張拡大される傾向がつきまとうのみならず、プロパガンダが非常に多く含まれる。さらに内政に紛争が利用されていることは大きな問題である。また、一連のジェノサイドを激化させた歴史的原因として、帝政解体後のソ連、およびソ連崩壊直後のアゼルバイジャン内政の混乱と権力闘争があったことを指摘できるだろう。このような要素が相互の憎悪をさらに拡大させているが、それらの事実を明らかにするのは、ほぼ不可能に近く、またそれこそが和平の大きな障害の一つとなっている。

さらに、当地域の虐殺や紛争に関し、国際環境についても考慮しないわけにはいかない。まず政治的にも軍事的にも影響を与えた第三国（ロシア、トルコ）の存在である。次に、中立的な仲介者の不在であることも紛争解決の深刻な阻害要因の一つとなっている。さらに、関係するアクターや国家はそれぞれの利益に基づいた行動をとるため、どうしても和平のプロセスにおいては齟齬《そご》が生じて、協調や譲歩がきわめて難しいことも深刻な問題だ。同時に、各関係主体が自己の利益を優先することから、これらの虐殺においては、「文明の衝突論」が適用できない場合が多いことも指摘できるだろう。たとえば、イスラーム教シーア派のイランが、キリスト教のアルメニアを支援しているなど、宗教の差異だけでは虐殺の原因を説明することはできないのだ。

最後に強調したいのは、両民族間の問題の根本原因と憎悪を解決しない限り、虐殺は今後も繰り返される可能性があるということである。

現在停戦中であり、再度の相互虐殺への発展の可能性を秘めているナゴルノ・カラバフ紛争の和平の展望は明るくない。二〇〇八年三月にも停戦ラインで数日にわたる両国軍の衝突も発生した。相互が負ってきた歴史の傷の大きさゆえに、譲歩はお互いにとても難しいものとなっている。しかし、今後の虐殺の悪循環を防ぐためにも、ナゴルノ・カラバフ紛争は早期に平和的手段によって解決されるべきだろう。

参考文献

北川誠一（一九八八）、「アゼルバイジャン・アルメニアの民族間紛争」『海外事情』一九八八年七・八月号。

同（一九八九）、「平和のカラバグ」『ビュレティン』一九八九年第二号、ソビエト研究所。

北川誠一・前田弘毅・廣瀬陽子・吉村貴之編著（二〇〇六）、『コーカサスを知るための六〇章』明石書店。

廣瀬陽子（二〇〇五）、『旧ソ連地域と紛争―石油、民族、テロをめぐる地政学』慶應義塾大学出版会。

同（二〇〇五）、「未承認国家と地域の安定化の課題―ナゴルノ・カラバフ紛争を事例に」国際法学会『国際法外交雑誌』第一〇四巻第二号。
同（二〇〇八）、『強権と不安の超大国・ロシア―旧ソ連諸国から見た「光と影」』光文社新書。

同（二〇〇八）、『コーカサス　国際関係の十字路』集英社新書。

第5章　バルカンにおける負の連鎖

——ボスニア内戦を中心に

清水　明子

旧ユーゴスラビアの分裂とボスニア・ヘルツェゴヴィナの民族分布
(本図では、ボスニア・ヘルツェゴヴィナ以外の国の民族分布は示していない)

はじめに

ボスニアにおける紛争の特徴の一つは、加害者と犠牲者の特定と線引きが困難なことである。本章では、その歴史的背景を検討した上で、内戦の主要な特徴に言及し、ボスニア内戦で介入を正当化する論理に「ジェノサイド」概念を適用することの直接的・間接的問題を考察したい。

一　紛争に内在する加害と犠牲の連鎖的な構造

バルカンでは、度重なる体制の変化の中で「民族」の関係性が変化し、そこにはさまざまなベクトルが働いてきた。また、国境線が大幅に変化するたびに、主権民族とその他民族が入れ替わる現象も見られたが、多くの場合、それを契機に暴力と紛争が繰り返されて民族間の関係は負の要素を重ねることになり、各主権民族の牛耳る体制はその分「他者」に対する非民主的な性格を強める傾向を帯びた。別の言葉で言えば、「加害者」「犠牲者」の歴史的置換性や重層性が複雑になればなるほど、民主的な関係の構築を阻害する要因も増大し、それが、さらなる暴力の連鎖につながる可能性を秘めた。しかし、そのような国境の変更や体制変革のさいには、新しい支配権力はまさに「民族」のアイデンティティを、自らの正統性を主張するさいのよりどころとするものである。このため政治権力を持つ者にとって、自ら率いる「集団」のアイデンティティを、他の「集団」と対比させることにより、逆方向から「民族」を十分に再定義することができるかどうかが、指導者としての立場を守るために重要となる。それは、同一空間に住む各「民族」とも「他者」の存在がなければ、自らの集団とアイデンティティの輪郭を保つことも、その指導者が自らの立場を固めることも難しいほど、当該住民の間には本来多様なアイデンティティのあり方があったからである。したがって、指導者たちは意図的に「他者」との差異を強調する。しかも加害者と犠牲者、勝者と敗者、善玉と悪玉、文明と野蛮のように、他集団との関係を二項対立的にマイナスのものとして位置づけるのである。こうして人為的に強化される「負」のイメージと実際の紛争時における死への恐怖が、人々の頭の中で動かぬ位置を占めるようになり、何らかの危機が訪れるたびに民族間の関係は緊迫したものにならざるを得なかった。「他者」を自民族発展の阻害要因と見ることが容易になれば、これを排除することは正当化される。さらには、その極端な形の「民族浄化」も歴史的権利と見なされるだろう。大国からの干渉が絶えないバルカンでは、大国がその関係性変化を外交政策の手段として利用することもしばしばあった。

そのような歴史的背景に位置づけられるユーゴスラヴィアでは、一九九〇年代の国家解体とそれに伴う紛争の過程で、故郷を追われた住民の数が五〇〇万人に達した。特にボスニアにおいては、人口約四四〇万の半数以上が、難民および国内避難民となったと推定される。大規模な住民の移動を伴ったこの紛争では、「民族浄化」という用語が、宣伝のキャッチフレーズとして、すさまじく強力な作用を国際社会に及ぼした。同時に、ある特定の領域から「望ましくない住民」を意図的、計画的に除去するという意味での「民族浄化」が、実際にその支配的な特徴となったのである。

その「民族浄化」では、それぞれの紛争当事者が、領域での実効支配をめぐる戦いにおいて「敵」と見なした住民、「敵性民族」を土地から排除するケースがあった。また、民族自決に基づく領土要求の根拠とするため、住民の民族構成に根本的な変化を加えるケースもあった。特定の状況下では、一定の住民集団の完全な物理的抹殺さえ図られ、「民族浄化」はジェノサイド的様相を呈した。また、ボスニア住民の一人ひとりが抱く、歴史的経験に裏づけられた死への恐怖心は、昨日の犠牲者を今日の加害者、今日の加害者を明日の犠牲者とした。こうして住民は、加害者・被害者の連鎖の中に陥れられたのである。「民族浄化」が多くの場合、必然的に大量虐殺を含むことから、「民族浄化」と「ジェノサイド」を区別なく理解する研究者が存在するのも現状である。

広義の意味での「民族浄化」は、規模の相違はあるが、ムスリム系、セルビア系、クロアチア系、全勢力が行った。しかし同時に、国際社会とその支援を受けた紛争当事者による、敵対勢力に対する根拠の薄弱な「ジェノサイド」もしくは「ホロコースト」批判、「ジェノサイド」の構成要素と喧伝された「レイプ」批判が、ボスニア各勢力の相互不信と憎悪を増幅させたことを忘れてはならない。問題は犠牲者数に還元できないが、内戦のごく初期に、ムスリム人のみで二〇万人以上とされた犠牲者の数は、現在、紛争を通じてボスニア全体で民族に関係なく一〇万人前後と推定されている。また、こうした批判が国際社会の介入を可能とし、紛争をかえって激化させ、長引かせ、犠牲者の際限ない拡大をもたらし、結果的に実際のジェノサイド的殺戮を引き起こした点も指摘されるべきである。世界の平和を脅かす「ジェノサイド」や「ホロコースト」が進行中だということになれば、ほかならぬその過去を抱えるドイツのような国にも、内戦に介入する口実は十分にできる。歴史的に複雑な民族的背景を抱える地域で、戦争当事者が自らを犠牲者として描く競争に国際社会が加担する危険性、そして負の要素としてのジェノサイド概念やホロコースト概念を、メディアのみならず、国際社会が濫用する危険性を見直すことは、紛争を少なくともジェノサイドに転化させないために、不可欠であると考える。

特に内戦では、それまで共存していた住民を、草の根に至るまで引き裂き、動員を図るために、噂・嘘を含む宣伝行為が、憎悪感情を煽る常套手段として用いられる。この地域では、敵対する戦争当事者を装って味方への攻撃を演出する「ブラック・プロパガンダ」も、遠くない過去の第二次世界大戦中、当時は「クロアチア独立国」に含まれたボスニアにおいて多用された「伝統」があり、今回の内戦でも重要な局面で行われた。また、国際社会が自身の思い描く紛争終結のシナリオを実現しようとすれば、戦争はどうしても長期化する。すると、あらゆる種類のユニフォームと武器が普及し、正規軍と民兵の境界があいまいになった社会では、さまざまな思惑により国の内外から戦争に参加する人間がいっそう増えることになり、彼らの暗躍する無法地帯での犠牲はさらに拡大するであろう。そこでは種々の「制裁」は、もはや効かないのである。

二　「ジェノサイド」「民族浄化」「レイプ」概念の適用をめぐる問題性

しかし、「ジェノサイド」や「ホロコースト」「民族浄化」や「レイプ」の概念を慎重に扱うよう訴えることは、紛争中は特に容易ではない。ここで、三つの例を挙げておこう。

第一は、この種の記事を載せたことで、破産に至った出版社の例である。問題となったのは、旧ユーゴスラヴィア国際刑事裁判所（以下、国際法廷）設置の直接的契機の一つとなったトゥルノポリエ収容所の写真である。強い日差しの下、やせ細ったムスリム人フィクレット・アリッチをはじめとする複数の裸の男性が、鉄条網の向こうに立ちすくんでいる写真と映像。これこそ、一九九二年八月六日、有力なテレビ局で流れ、新聞や雑誌の表紙を飾り、ムスリム人を絶滅させるためのナチス式強制収容所を、セルビア人が設置している証拠とされたものである。そして、これがドイツのキンケル外相をして「セルビア人侵略者が行っている民族浄化はジェノサイドである」と断定させたものだった。現在では、旧ユーゴ国際法廷の多谷千賀子元判事も引用するムスリム人の証言などから、この収容所が、「強制労働もなく、住民交換の集合場所のようなところだった」ことが知られている。「妻と二人の子供たちは、外泊を許されて、近くの親類の家に身を寄せる」こともできたようである。

しかし、戦争終結後三年を経た一九九八年、ドイツ人ジャーナリスト、トマス・ダイヒマンが、この映像を配信したイギリスのテレビニュース制作会社（ＩＴＮ：Independent Television Network）のビデオを用い、次のような結論の記事を発表した。すなわち、アリッチらは出入りが自由な難民の宿泊施設に安全を求めて滞在していたに過ぎず、逆にカメラマンのほうが、鉄条網に囲まれた敷地の中から彼らを撮影した、というのである。すると、当該のテレビ局ＩＴＮが、この記事を掲載した出版社（ＬＭ：Verlag Informinc）を名誉毀損で訴えた。結局、二〇〇〇年三月一四日、ロンドンの高等法院で、テレビ局側が勝訴した。そして、出版社は三七万五〇〇〇ポンドの損害賠償支払いを命じられ、破産したのである。なお、次のことも忘れずに付け加えておかねばならない。一九九二年八月、この写真と映像が発表されるや、すぐにその「収容所」は閉鎖された。そしてほぼ二週間のうちに、この収容所にいた二〇〇人近くのムスリム人が、本当にセルビア人によって惨殺されてしまったのである(ヴラシッチ山事件)。

第二の例は、一九九三年一月から二月にかけて、国際人権団体「世界の医療団」(Médecins du Monde)が、このトゥルノポリエの写真を使って行った「ストップ、旧ユーゴでの民族浄化」宣伝である。フランスの主要都市に貼られた巨大ポスターは三〇万枚。その半分は、「鉄条網ごしのやせ細った男」の写真に「民族を浄化する収容所、何か思い当たることはありますか」のキャッチコピー、もう半分のポスターは、ミロシェヴィチとヒトラーを対比した写真モンタージュに「民族浄化に関する演説、何か心あたりは?」のキャッチコピーをつけ、「民族浄化は、ボスニア・ヘルツェゴヴィナとサラエヴォの非セルビア系住民のための収容所、レイプ、殺戮、処刑、大量移送を意味する。セルビア人民族主義者は、殺戮イデオロギーをどこまでも突き進めるであろう」との説明が加えられていた。「世界の医療団」はさらに、フランス国民が一度は目にしたことのある「人道に対するセルビア人の犯罪」というコマーシャルをテレビに流した。それに対し、フランスのセルビア人社会が、「世界の医療団」の広告がセルビア人への憎悪を煽ったとし、憲法違反による訴追を試みた。フランス憲法が、民族、人種、宗教的集団に対する憎悪を煽る行為を禁止しているからである。しかし実際は、原告として訴えを起こせるのは、名誉毀損を受けたと考える人々ではない。検察当局か、人種主義との闘いを目的に正規登録された団体で、創設後最低五年を経たものでなければならなかった。

第三の例は、レイプをめぐる問題である。セルビア人と「ジェノサイド」が結びつけられると、戦争に随伴する現象としてのレイプも、セルビア人による行為は「ジェノサイド的レイプ」として質的に区別され、一九九二年秋から九三年春にかけて、国際法廷の設置をめぐる重要な論点となった。ドリス・パック欧州議会旧ユーゴおよび周辺諸国関係担当代表は、女性議員や女性運動の声を代表し、「セルビア人侵略者」によるレイプが戦争手段の一部をなし、組織的かつ意図的に行われていると、欧州議会公聴会で明言したが、その彼女は当時のドイツの政権与党、キリスト教民主同盟の女性議員副団長でもあった。しかし、こうしたレイプをめぐる世論形成に大きな役割を果たしたメディア関係者は、その証拠とされる数少ない「証言」を、クロアチア政府やボスニア政府の紹介する、ザグレブ在住のボスニア系難民から、もっぱら入手していたのである。「絶滅収容所の存在」を世界に紹介し、ピュリッツアー賞を受賞したロイ・ガットマンも、その例外ではなかった。ここでは特に、クロアチア政府が、情報源として非常に大きな役割を果たした。これに対し、元欧州議会議長でフランスの元保健大臣でもあるシモーヌ・ヴェイユは、証言の情報源をめぐる問題性を強く指摘した。自らアウシュヴィッツ収容所を経験し、両親と兄弟を失った彼女は、EC加盟国政府がクロアチアに派遣したレイプ問題の調査チームの一員だったが、抗議のためにこれを辞任した。

しかし結局のところ、この調査チームの「ウォーバートン報告」（一九九三年一月二八日）をもとにして、欧州議会は組織的レイプを国際的に処罰しうる戦争犯罪と定義し、その立場から国際法廷の早急な設置を求める決議を採決したのである。ただし、ボスニア政府「公認」のムスリム人女性に対するレイプ件数が早くから五万件とされていたのに対し、ＥＵは民族を特定せず約二万件と推計している。たしかに、セルビア系、ムスリム系、クロアチア系の女性にとっては、民族的帰属にかかわらず、レイプの非人道性は疑いの余地がない。しかし、ボスニアでは「民族」が後天的に形成され、家族の中にも民族的亀裂が生じうる状況が存在したのであり、ボスニアの人々はこれを熟知していた。その彼らが、生まれる子どもを特定民族に帰属させる目的でレイプを行う、ということは想定しがたい。しかし、レイプ自体が本来デリケートな問題であるため、もしボスニア内戦中にレイプ問題に関する否定的な発言をすれば、その発言者本人は、人格を否定されたり、社会的な制裁を受けたりすることは避けられなかったであろう。

三　国際社会による多様なレベルの介入

ポスト冷戦時代、「介入しないことによる人道的損失があまりに大きい場合」は、介入が適切であると見られるようになった。冷戦時代は、紛争が冷戦構造の枠組みの中で特別な意味を持ちうると考えられたことが、逆に介入を抑止していたのと対照的である。介入すること、もしくは、介入を受けることに利益を見いだす国家や政治家は、大量虐殺やジェノサイド概念を多用する可能性がある。そして、彼らの意向に添い、世論に受けるような報道をすることで、社会的上昇を企てるメディア関係者や運動家も存在すれば、それにより収入増を狙う新聞社やテレビ局もある。人道援助団体は、資金調達絡みで、「犠牲者」とされている人々に支援を集中し、現地の悲惨さを誇張する傾向も時にはあろう。「ジェノサイド」「ホロコースト」と聞くと、多くの人々は、これに介入しなければ犯罪の「消極的共謀者」となってしまうのでは、とのおそれを脅迫的観念として抱くであろう。したがって、純粋に人権侵害や戦争犯罪と取り組む姿勢と同様、これらの概念を、より慎重に扱うことが重要になる。

ここで、「ジェノサイド」がセルビア人勢力の政策もしくは戦争目的を示すものと解釈され、セルビア人が「現代のナチス」と同等に扱われた背景を、二点に絞り考察したい。第一に、内戦の重要な画期をなした一九九二年八月には、高木徹ＮＨＫディレクターが『戦争広告代理店』において詳述するように（高木二〇〇二）、セルビア人によるムスリム人迫害を示す「民族浄化」という政治的概念が、すでに世界の何百万人、何千万人という人々の心に刻まれていたという事実がある。ただしその著書の中に、その宣伝を行ったアメリカの広告代理店ルーダー・フィン社が、ボスニア内戦での広告を「赤字に終わる可能性は高い」が、「バルカンでのビジネスでは儲けをある程度度外視し、業界内での名声と地位を高めることに狙いを絞っていた」と指摘する部分があるが、これは誤解を招きやすい。この会社は、すでに一九九一年八月以降、クロアチア政府のために、セルビア人の「悪魔化」を徹底的に行っており、クロアチア国家の承認やセルビアに対する制裁発動など、国際政治の重要な分野で強い影響力を持つに至っており、広告企業として大成功を収めていたのである。この広告会社が、クロアチア人からヒントを得たとする「民族浄化」という概念自体、第二次世界大戦中の「クロアチア独立国」で「セルビア人の三分の一を抹殺、三分の一を追放、三分の一をカトリック化してクロアチア人にする」という国策を遂行するさい、日常的に使用された言辞であった点は皮肉である。さらに、「クロアチア独立国」から、北米大陸に移住したクロアチア系移民が、クロアチア政府に莫大な資金協力を行い、戦争広告が可能となった点も強調されるべきである。

さらに、この広告会社は、クロアチア政府と契約を結ぶ以前、ビアフラ戦争において戦争広告の経験と訓練を十分に積んでいた。ビアフラ戦争では、石油の豊かな地方に住むキリスト教徒主体の「ビアフラ共和国」分離独立という最終目的は達成できず、内戦は泥沼化したが、当該住民の惨劇は、「アフリカでの戦争としては」世界各国に強烈な印象を残した。その際、ビアフラに参集した医師団が中心となり内戦終結の翌年に創設したのが、一九九九年にノーベル平和賞を受賞した国際人道援助組織の「国境なき医師団」であり、後に同団体から指導者間の対立により分離独立した組織が、前述した「世界の医療団」だったのである。両団体の共同創設者であるベルナール・クシュネルは、一九九一年から九二年までフランスの保健大臣、九九年から二〇〇一年までは、国連コソヴォ暫定統治機構（ＵＮＭＩＫ）事務総長特別代表、〇七年には所属政党である社会党の反対を押し切り、サルコジ保守政権の外相に就任した。創設者のメディアでの露出度と影響力の大きさを考えれば、「世界の医療団」の持つ、少なくともフランスにおける特有の社会的地位と政治への関与は無視できないであろう。

セルビア人の「悪魔化」を容易にしたもう一つの要因は、ルーダー・フィン社が宣伝した図式を支える、「ヨーロッパ」の存在である。クロアチア内戦では、「西欧文明を引き継ぐ、民主的なカトリック教徒のクロアチア人」と、「野蛮な侵略戦争を行うオリエント的正教徒のセルビア人」が対比された。次のボスニア内戦では、「犠牲者」としてのムスリム人の指導者が、事実上「原理主義者」から構成されていたにもかかわらず、ムスリム人こそ最も理想的な「多文化社会」を守る使命を持った存在として描かれた。共通しているのは、クロアチアとボスニアの両政府が「西欧的価値」を体現しているかのように宣伝された点である。問題なのは、広告代理店やメディアが、このように図式化された宣伝を垂れ流し、利益を追求したことではなく、むしろ、メディアで宣伝された対立の構図に沿って、人々が複雑な民族状況と全紛争のプロセスを理解した気持ちになったことである。

それは、この構図が、「西洋人」の「バルカン」を見る眼にぴったり合致したからであろう。「バルカン」には、「ヨーロッパ」の裏庭にある、「後進的」で「野蛮」な地域、紛争の絶えない危険地域、「火薬庫」というイメージがいまだに存在する。ユーゴ内戦では、その「バルカン」に対する偏見が、「セルビア人」を見る眼に集約された。セルビア人の行為は、「西欧的価値」への「ジェノサイド」でもあり、そうであれば、犠牲者のクロアチア人やムスリムとは異なり、西欧的価値観を共有しないセルビア人に対する「制裁」「処罰」「征伐」は、「西欧的使命」からも正当化しうるものである。クロアチア内戦、ボスニア内戦で、それは国際社会によるセルビア人勢力への軍事攻撃を含んだ。

おわりに

白黒のはっきりしたメディアの報道は、すでに存在する偏見を助長する。偏見は、もともと確たる証拠を必要としないものである。ボスニア内戦において、戦争の成り行きを把握している気分になった人々は、ボスニアに、セルビア人、クロアチア人、ムスリムが存在することさえ、それまで知らなかったのである。「二〇世紀も末になり、いまだにジェノサイドや民族浄化の起きるバルカンはまったく変わっていない」とする声が、ドイツをはじめとするヨーロッパ西部地域で頻繁に聞かれたが、変わっていないのは、むしろそうした彼らの「バルカン」を見つめる眼なのかもしれない。

参考文献

清水明子(二〇〇七)、「ボスニア紛争のメカニズム—多民族の再建に向けて」城山英明・石田勇治・遠藤乾編『紛争現場からの平和構築』東信堂。

同(二〇〇七)、「『クロアチア独立国』におけるセルビア人虐殺(一九四一－四二年)」松村高夫・矢野久編『大量虐殺の社会史』ミネルヴァ書房、第3章。

同(二〇〇七)、「クロアチア『祖国戦争』と『民族浄化』(一九九一－九五年)」同上書、第7章。

多谷千香子(二〇〇五)、『「民族浄化」を裁く』岩波新書。

高木徹(二〇〇二)、『ドキュメント 戦争広告代理店』講談社。

月村太郎(二〇〇六)、『ユーゴ内戦』東京大学出版会。

第6章　カンボジアの大量虐殺

――民族解放闘争の帰結

天川　直子

カンボジアとその周辺国

カンボジアでは、いわゆるポル・ポト時代の「三年八カ月二〇日間」（一九七五年四月一七日－七九年一月六日）に一〇〇万～二〇〇万の人々が亡くなったと言われている。一九七〇年代前半の総人口が七〇〇万～八〇〇万人だと推計されているので、この間に死亡した人々の割合は一三～二九パーセントに達する。

本章では、この大量の死をもたらしたポル・ポト政権の成り立ちと、同政権下の死の内容を紹介する。

一　ポル・ポト政権の成立過程

1　クメール人民革命党

ポル・ポト政権は、仏領インドシナ（現在のベトナム、ラオス、カンボジア）における民族解放闘争の産物の一つである。

一九三〇年に設立されたインドシナ共産党は、革命運動はベトナム人の民族的願望ではなく、インドシナがフランス植民地支配下にあるという現実から出発するべきであるという方針を掲げた。すなわち、党員の大半がベトナム人であるにもかかわらず、仏領インドシナ全体の解放を目標に置いた。

しかし、フランス支配の弱体化と日本軍による「仏印処理」を経た後、第一次インドシナ戦争（一九四五年－五五年）遂行中の一九五〇年に、インドシナ共産党はカンボジアとラオスにも民族統一戦線を組織することを決定した。クメール・イサラク統一戦線（カンボジア）とラオス自由戦線（ラオス）を組織した後、翌一九五一年には民族統一戦線の主体となるべき民族的な党を設立することを決定した。この決定を受けて、ベトナムにはベトナム労働党、ラオスにはラオス人民党、カンボジアにはクメール人民革命党が設立された(古田 一九九一)。

第一次インドシナ戦争は、一九五四年七月にジュネーブ協定の締結によって終わった。この協定は、カンボジアに関しては、一九五三年一一月のシハヌーク国王による独立宣言を追認するとともに、国際監視管理委員会の下で総選挙を実施することを求めた。これはクメール人民革命党に二重の打撃を与えた。

第一に、主要党員が北ベトナムへの亡命を選んだことである。国際監視管理委員会がクメール・イサラク統一戦線の法的・政治的権利を保護すると定められてはいたが、統一戦線側には同委員会への信頼はなく、多くはベトナム独立同盟軍とともに移動し、北ベトナムへ亡命した。この結果、カンボジア国内の党組織、特に首都プノンペンの党組織では、フランス留学から帰国したばかりで抗仏闘争を経験していない若手党員が主体となった(Kierman 2004)

第二に、ジュネーブ協定に従って実施された一九五五年総選挙で、サンクムが国会の議席を独占したことである。サンクムとは、シハヌーク国王が一九五五年三月に、父のスラマリットに譲位した後に諸政党を糾合して結成した一種の翼賛団体である。この選挙については、「諸政党が自由に争った最後の選挙であると同時に、特定政党(=サンクム)のために国家保安組織が動員された初の試みでもあった」(Chandler 1996)、「国際監視団がこの選挙を『公正』だと評価したのは、この種の監視にいかに意味がないかを示しているだけである」(Kierman 2004) との評価がある。ともあれ、以後シハヌークは、サンクム総裁としてカンボジアの政治権力を独占的に行使した。また、一九六〇年にはスラマリット国王の死去に伴って、国家元首に就任した。

2　ポル・ポトの台頭

ポル・ポトは、人民革命党の国内組織から古参活動家の多くが抜け、かつシハヌークが左派知識人への攻撃を強めていく中、党内で頭角を現してきた。ポル・ポトは一九五三年一月にフランス留学から帰国し、同年中にインドシナ共産党に接触し、入党を許可された。早くも一九五〇年代半ばには、プノンペンの党組織内では有力な活動家になっていたと見られている (Kierman 2004)。

一九六〇年九月、人民革命党は第二回党大会を開催した。そこでは書記長と書記次長には一九五四年以前からの指導者が選出されたが、序列第三位以下の政治局員にポル・ポトを含む仏留学経験者が任命された。一九六二年七月には書記長が行方不明となり、ポル・ポトが書記長代行を務めることになった。そしてポル・ポトは、一九六三年二月の第三回党大会で正式に書記長に就任した。

ポル・ポトら若手が党の指導者になったことは、ベトナム労働党との関係に大きな影響を与えた。特に、一九六五年にベトナム戦争が米軍主体の南ベトナム軍と北ベトナム軍との全面戦争に発展し、ベトナム労働党にとってカンボジアの戦略的重要性が増大して以降は、両党の関係は悪化の一途をたどる。

当時カンボジアでは、シハヌーク国家元首が米国と断交する一方で、中国と秘密条約を締結し、対北ベトナム軍・南ベトナム解放戦線に対する中国からの援助物資をシハヌークヴィル港にて荷揚げし国内を搬送することを承認していた。したがって、ベトナム労働党は、抗米戦争を遂行するにあたって、シハヌークのこの「中立政策」を評価せざるを得なかった。一方、カンボジアの党(クメール人民革命党から一九六〇年にカンボジア労働党、一九六六年にはカンボジア共産党に改称)の現状認識は、党指導者の交代に伴って植民地解放闘争から反封建階級闘争へと変化した。すなわち、ポル・ポトの共産党はシハヌークを打倒すべき敵として明確に認定したのである。この結果、シハヌークによる国家運営に対する両党の立場は相容れないものとなった。

一九六七年になり、シハヌーク政府に対して武力闘争を開始しようとするカンボジア共産党と、平和的な政治闘争をカンボジア共産党に勧告するベトナム労働党との対立が表面化した。カンボジア共産党は武力闘争を強行したが、シハヌーク政府の弾圧によって大きな打撃を受け、一九六九年にはベトナム労働党と中国共産党の説得により武力闘争路線は放棄せざるを得なくなった。当時、シハヌーク政府は、ベトナム労働党に対して、カンボジア共産党への支援を続けるならばシハヌークヴィル港経由の補給を取り止めると脅していた(野口 一九九九)。こうしてカンボジア共産党とベトナム労働党の関係は決定的に悪化したのである。

3 ポル・ポト政権の誕生

一九六九年九月にロン・ノル内閣が成立した。ロン・ノルは、シハヌークが北ベトナム軍・南ベトナム解放戦線にカンボジア領内での活動を認めていることに反対の立場をとる軍人であった。上下両院は、一九七〇年三月、同内閣の提案を受けてシハヌーク国家元首の罷免を満場一致で決議した。なお、この事件は従来のカンボジア史研究では、「ロン・ノル・クーデター」と呼ばれてきた。

ベトナム労働党はこれを見て、シハヌークとカンボジア共産党の連合による新たな対米抵抗勢力の形を構想した。シハヌークはベトナムと中国の説得に応じて、民族統一戦線の結成を宣言し、共産党はこの呼びかけに応える形で加わった。このとき、共産党にとっては、カンボジアの地において武力闘争を実現することが最優先であり、シハヌークは利用価値のあるシンボルであったのである。

ここにカンボジアで「解放闘争」が急速に拡大する条件が整った。第一に、カンボジア共産党とベトナム労働党との戦略的認識が一致したことである。シハヌークがロン・ノル政権に反対する立場をとったことで、両党は従来の対立関係を一時棚上げし、少なくとも当面は、親米政権（ロン・ノル政権とサイゴン政権）に対する武力闘争をともに遂行する点で一致した。事実、カンボジアには北ベトナムから最大時四万人もの支援軍が展開した。第二に、共産党がシハヌークの名の下に人々を動員することが可能になったことである。民族統一戦線は一九七〇年末に一万数千人、一九七二年末には四万人程度まで急速に増加した。

一九七五年四月、民族統一戦線はプノンペンに入城した。その後、カンボジア共産党はおよそ半年かけて権力基盤を固め、党による支配を確立した。「ポル・ポト時代」の幕開けである。

二　ポル・ポト時代の死の諸様相

こうして「三年八カ月二〇日間」が始まった。冒頭でも述べたように、この間、総人口の十数パーセント以上に相当する百数十万の人々が亡くなった。これらの人々は、実にさまざまな理由でさまざまな場所で殺された。

1　場所と方法

これら大量の死は、まず、場所と方法に基づいて次の三つのカテゴリーに分類することができる。

第一のカテゴリーは「S21に逮捕された人々」である。S21とは、「S21国家中央保安本部」の略であり、党中央直属の政治犯収容所・処刑場であった。治安警察の機能は当初は分散していたが、一九七六年五、六月にプノンペン北部のツールスワイプレイの高校に集中された。ここは、現在、ツールスレン大量虐殺犯罪博物館として保存されている。ここには少なくとも一万四〇〇〇人以上が収監されたが、生きてポル・ポト時代の終焉を迎えられたのはわずか七人であった（チャンドラー 二〇〇二）。

第二のカテゴリーは「集落で殺された人々」である。ポル・ポト時代には各地に「教育施設」（刑務所）と処刑場・集団墓地が設置されていた。これら地方の公安施設における虐殺の実態についてはわずかながら報告されている（本多 一九八九）。しかし、S21と地方公安施設の組織上の関係については不明であり、命令系統も解明されていない。また、地方の公安警察によって殺害された人の実数は不明であり、非常に多い、としか言えない。

第三のカテゴリーは「病死、衰弱死」である。「S21に逮捕された人々」と「集落で殺された人々」という意図的な殺害と、自然死である「病死、衰弱死」を並列することに異論を唱える向きがあるかもしれない。しかし、過重な労働の強制と、共同炊事によって管理された、あまりにも乏しい食事や医療の絶望的な不備から人々は逃れる術を持たなかった。この意味において、「不自然な」死であると見なすゆえにここに掲げる。

特に北西部管区（現在のバッドンボーン州、ポーサット州、ボンティアイミアンチェイ州に相当する）は悲惨だった。一九七六年に発表された「すべての分野で社会主義を建設する四カ年計画」では米の増産を掲げたが、同管区には全国収穫高の三割を課した。そこには一〇〇万人以上が強制移住させられて、森林の開墾や貯水池・水路の建設に従事させられた。しかもその多くは、首都プノンペンに住んでいた人々であった。同管区第五地区（現ボンティアイミアンチェイ州）にプノンペンから強制移住させられた当時二〇代半ばの男性は、ポル・ポト時代末期の一九七七年三月に貯水池の造成に従事させられたときの状況を次のように述べている（オム・ソンバット二〇〇七）。

「男性は朝六時から一一時か一二時まで働き、休憩して食事をとる。午後は一二時か一時から六時まで仕事をして、それから休憩して食事をとる。夜は一〇時から早朝三時まで。夜の睡眠時間は二回あり、それは七時から九時半までと三時半から五時半までだった。つまり、男性は一昼夜で、一六時間労働して、四時間半睡眠をとるということだ」

「毎日の食事は、ヒユ、セイヨウカラシナか白菜と干し魚をスープにしたものだった。野菜や魚がないときは、魚の塩辛と塩を入れただけのものだった。(中略)お粥ばかり食べていた頃は、ご飯が食べたくて、塩だけでもどんなにおいしいだろうと夢見たものだった。(中略)だが毎日、三食ご飯だと(中略)塩があったからといってご飯が入るわけではなかった」

「日差しが強くなり、労働現場でのいろいろな部隊の労働活動も熱くなっていった。それとは反対に、病人班のメンバーは次々に座ったり横になったりし、もう死ぬこともおそれなくなり、生き延びたいと思うこともなくなっていった。労働現場の掘った窪地一面にばたばたと横たわっていた。この光景を見て、ようやく組織は、本当に病気なのだと思ったようだった。(中略)これが革命組織の診察方法なのだ。聴診器や体温計などを使う必要はない」

2　粛清の理由

これらの人々はなぜ粛清されるべきだと見なされたのか。粛清の理由に基づいて分類すれば以下のとおりになる。

第一の理由は「異民族だから」である。カンボジアの地ではクメール人が圧倒的多数派であるが、加えてポル・ポト政権はクメール人こそが国家民族であると位置づけた。最も徹底的に排除されたのはベトナム人であるが、チャーム人、中国人、タイ人、ラオ人なども同様に集団殺害の対象にされた。

中でもベトナム人は、一九七五年五月に党中央が行った政策説明で「ベトナム人マイノリティ全体を追放する」と明言されているように、徹底的な迫害の対象となった。カンボジアの現代史において、ベトナム人住民に対する迫害・虐殺は何もポル・ポト政権下に限られた話ではない(天川二〇〇三)。しかし、まさにマイノリティ全体の抹殺を目指したという点で、ポル・ポト政権の反ベトナム性向は歴代政権の中でも群を抜いている。

第二の理由は「新人民だから」である。ポル・ポト政権は、一九七五年四月一七日以前は解放区外にいた人々、特に内戦終結までロン・ノル政権下にあった都市部で暮らしていた人々を「新人民」と呼び、内戦期から解放区とされていた農村の「基幹人民」と区別して社会の最下層に位置づけた。「新人民」は「残しておいても得にならない、取り除いても損にならない」存在として扱われ、より乏しい食事や、より過酷な労働、より遠方やより未開拓の地域への強制移動などの扱いを受けた。先に引用した手記を記した男性は「新人民」であった(オム・ソンバット二〇〇七)。

前記二つの理由に基づいて死亡者数・率を推計したものが**表1**である。ベトナム人については「新人民」か「基幹人民」を問わず、死亡率一〇〇パーセントという恐ろしい数字が示されている。「新人民」と「基幹人民」に区別して見れば、「基幹人民」の一六パーセントですでに十分高いが、「新人民」の死亡率が三割近いことに戦慄を覚える。

粛清の第三の理由は「敵だから」である。この曖昧な言葉によって攻撃される対象は、党中央の「党の敵」認識の変化に応じて移行した。この理由による粛清は二期に分けられる(チャンドラー二〇〇二)。

表1　1975－79年のカンボジアにおける死亡者数の概算

社会集団	1975年時点の人口(人)	死亡者数(人)	死亡率(%)
「新人民」			
クメール人(都市部居住)	2,000,000	500,000	25
クメール人(農村部居住)	600,000	150,000	25
中国人(すべて都市部居住)	430,000	215,000	50
ベトナム人(すべて都市部居住)	10,000	10,000	100
ラオ人(農村部居住)	10,000	4,000	40
「新人民」全体	3,050,000	879,000	29
「基幹人民」			
クメール人(農村部居住)	4,500,000	675,000	15
(うちクメール・クロム)＊	(5,000)	(2,000)	(40)
チャーム人(すべて農村部居住)	250,000	90,000	36
ベトナム人(農村部)	10,000	10,000	100
タイ人(農村部)	20,000	8,000	40
山岳少数民族	60,000	9,000	15
「旧人民」全体	4,840,000	792,000	16
カンボジア全体	7,890,000	1,671,000	21

＊仏領インドシナ体制下の直轄領コーチシナ、現在はベトナム南部に含まれるメコンデルタ居住のクメール人。仏領インドシナ体制下ではカンボジア保護王国に移住する者も多かった。
(出典：Kierman 1996, p.458)

第一期で粛清の対象となったのは、ロン・ノル政権の役人や軍人、海外留学経験者、南ベトナム政権につながりがある者、および北ベトナムに亡命していたが民族統一戦線の結成を機に帰国した古参活動家である。

民族連合政府は内戦中には「ロン・ノルら七人の売国奴は死刑。それ以外の軍人や役人は彼らと決別したら歓迎する」と繰り返していたが、実際は解放直後から各地でロン・ノル軍将校の組織的な殺戮が行われた。また、民族解放戦線の結成を機に北ベトナムから帰国した古参活動家は、「政治的に重要な地位に就いた者は少なく、地方の兵站《へいたん》業務や、小隊ないしは中隊レベルの司令官に任命された。しかし、党中央にとっては、一九七〇年当時の国内党員の約半数に達する八〇〇人あまりの、しかも北ベトナムで訓練を受けた旧幹部は、一九六〇年代にポル・ポト書記長の下で採用された路線に対する深刻な脅威であった」(Kierman 2004)。すなわち、「敵」としての粛清の第一期は、ポル・ポトの共産党とは異質の政治勢力を排除する過程であった、と言うことができよう。

これに対して第二期は、党内に潜伏している「スパイ」「裏切り者」を浄化する過程であった。党中央の猜疑心は次第に高まり、その最後にして最大のものが一九七八年前半の東部軍区の弾圧と粛清であった。東部軍区の粛清では、地域書記以下の幹部のみならず、一般住民も「ベトナム人の心を持ったクメールの身体」(Kierman 1996) であり、したがって排除するべき対象として見なされた。東部軍区住民は、幹部の軍事的抵抗が潰えた後、北部や北西部の遠方に強制移動させられた。そのさい、党はわざわざ青のクロマー(大きめの手ぬぐいのような布で、カンボジア農村では日よけ等のためにほとんど常に身につけられる)を支給し、その強制的着用をもって東部軍区住民を他地域出身の住民と区別できるようにした。その目的は、移動先で全体として粛清するためであった (Kierman 1996)。

おわりに

これほど多くの人々がなぜ死ななければならなかったのか。カンボジアではなぜ民族解放闘争が自国民の大量殺害に帰結したのか。この問いはまだ解かれていない。

これまでの研究には、ポル・ポトが政権の座に就くまでの闘争史を詳細に記述したもの (Kierman

2004)、ポル・ポト時代の権力闘争による粛清と人種主義的な大量殺害の全体像を明らかにしたもの(Kierman 1996)、S21で行われた拷問と殺害を再構成したもの(チャンドラー 二〇〇二)、ポル・ポト政権幹部の生き残りの刑事責任を追及したもの(ヘダー他 二〇〇五)などがある。しかし、一九七九年一月にポル・ポト政権が崩壊してすでに三〇年近くが経とうとしていることを考えれば、あまりにも乏しい。

前記のほかには、ポル・ポトの個人的な革命観や性格がいかにして形成されてきたのかという点に興味が示されてきた(山田 二〇〇四、チャンドラー 一九九四)。しかし、ポル・ポトを擁護するわけではないが、「ポル・ポト」が生まれた歴史的背景にもっと学問的興味が示されてしかるべきだろう。

いわゆるシハヌーク時代(一九五四―七〇年)を、ポル・ポト時代の前史として扱った研究は管見の限りではまだない。しかし、その時代のカンボジアには若者を共産主義に駆り立てる社会的要因があったはずである。事実、プノンペンの学生は一九七三年のシハヌーク失墜を一七八九年フランス革命の再来になぞらえて歓迎した(Jenner 1995)。しばしば「もし、ロン・ノル・クーデターが起こらなかったら、ポル・ポト時代はなかっただろう」と言われる(山田 二〇〇四)。しかし「もし」の話をしていても始まらない。内閣提案を上下両院が満場一致で可決するに至った歴史を見据えるべきである。

また、それから数年も経たないうちに、カンボジア人の多くがシハヌークを看板に掲げる民族統一戦線に参加したことについても、ロン・ノル政権の腐敗ぶりを強調する研究はあるが(Chandler 1991)、必ずしも納得のいくものではない。

カンボジア人は何から自らを解放したかったのか。この問題に立ち向かっていくことは、人類がポル・

ポト時代の大量の死を無駄にしないために必要な作業であろう。

参考文献

天川直子（二〇〇三）、「カンボジアの人種主義―ベトナム人住民虐殺事件をめぐる一考察」武内進一編『国家・暴力・政治』研究双書五三四、独立行政法人日本貿易振興機構アジア経済研究所、一〇九―一四五頁。

オム・ソンバット著、岡田知子訳（二〇〇七）、『地獄の一三六六日―ポル・ポト政権下での真実』アジアの現代文芸カンボジア②、財団法人大同生命国際文化基金。

デービッド・P・チャンドラー著、山田寛訳（一九九四）、『ポル・ポト伝』めこん。

同、山田寛訳（二〇〇二）、『ポル・ポト　死の監獄S21―クメール・ルージュと大量虐殺』白揚社。

野口博史（一九九九）、「ベトナム戦争の文脈から見た一九七〇年カンボジア政変―ベトナム解放勢力の軍事補給路との関連で」『東南アジア―歴史と文化』東南アジア史学会、八一―一〇三頁。

古田元夫（一九九一）、『ベトナム人共産主義者の民族政策史―革命の中のエスニシティー』大月書店。

S・ヘダー、B・D・ティットモア著、四本健二訳（二〇〇五）、『カンボジア大虐殺は裁けるか―クメール・ルージュ国際法廷への道』現代人文社。

本多勝一（一九八九）、『検証カンボジア大虐殺』朝日文庫。

山田寛（二〇〇四）、『ポル・ポト〈革命〉史―虐殺と破壊の四年間』講談社。

Chandler, David P. (1991), *The Tragedy of Cambodian History: Politics, War, and Revolution Since 1945*, Yale University Press.

― (1996), *A History of Cambodia*, 2nd ed., updated, Westview Press.

Jennar, Raoul M. (1995), *Les clé du cambodge*, Maisonneuve & Larose.

Kiernan, Ben (1996), *The Pol Pot Regime: Race, Power, and Genocide in Cambodia under the Khmer Rouge, 1975–79*, Yale University Press.

― (2004), *How Pol Pot Came to Power: A History of Communism in Kampuchea, 1930–1975*, Verso. 2nd ed., Yale University Press.

第7章　ルワンダのジェノサイド

――その起源と殺戮の主体をめぐって

武内　進一

ジブチ
スーダン
エチオピア
中央
アフリカ
ソマリア
ウガンダ
モガディシオ
ルワンダ
ケニア
ナイロビ
コンゴ
民主共和国
キガリ
インド洋
ブルンディ
500 km
タンザニア
ダルエスサラーム

ルワンダとその周辺国

一　「ホテル・ルワンダ」をどう観るか

二〇〇六年に日本で公開された「ホテル・ルワンダ」は、この種の映画としては空前のヒットとなった。一九九四年四月にルワンダで起こったジェノサイドを題材とし、その中でトゥチの妻と家族、そして数多くのトゥチ避難民を助けようとするフトゥのホテルマンを主人公に据えたこの映画は、多くの人々を感動させ、ルワンダとアフリカの現実に関心を抱かせた。これは、高く評価すべきことだ。

その一方で、この映画を観た人々が、ルワンダの紛争をどのように理解したのか、少々気にかかる。映画が伝えるのは、紛争の中で何の罪もないトゥチがフトゥの軍人や民兵などによって一方的に殺されたことだ。それ自体は、事実である。しかし、フトゥの軍人や民兵が、それと同時に野党指導者をはじめとする多くのフトゥも殺害したことは、どのくらい知られているだろうか。

半年ばかり日本に滞在したルワンダ人研究者が、帰国間際に冗談めかして私に言った。

「日本に来てから、あなたはトゥチか、それともフトゥかと何度尋ねられただろう。トゥチだと言えば、どうやって生き残ったのかと聞かれ、フトゥだと答えれば、なぜ殺したのかと言われるんだ」

「ホテル・ルワンダ」を観て、一九九四年にルワンダで起こったことに関心を持つのは、大切なことだ。しかし、それがどのようなものだったのかを正確に知らなければ、単なる野次馬に終わってしまう。映画の感想が「アフリカって、恐ろしいよね。部族対立ばっかりして」というのでは、悲しいことだ。ルワンダのジェノサイドは、トゥチとフトゥとの戦いでは決してない。

ジェノサイドは政治対立の中で起こった。このことは、繰り返し指摘する必要がある。異なるエスニック集団は、ただ単に「異なる」という理由だけで対立したりしない。その意味で、部族対立とか民族対立とか言うだけでは、何も言ったことにならない。なぜそれが起こったのかが問題なのだ。

そもそも、トゥチとフトゥをエスニック集団と呼ぶことにも留保が必要だ。トゥチとフトゥはルワンダの人口を構成する集団で、前者が一割強、後者が八割強を占める。そのほかに、トゥワと呼ばれる先住民(ピグミー)がいるが、その人口比は一パーセント程度に過ぎない。三つの集団は同じ言語を話し、同じ地域に混住し、宗教的な違いもない。トゥチとフトゥについては、体型や生業が違うと説明されることもあるが、ほとんど区別がつかないというほうが正確である。しかし、今日のルワンダにおいて、人々はトゥチかフトゥかという区別に自覚的である。当然であろう。内戦時には、まさにそれだけの理由で殺されたり、殺されなかったりしたのだから。トゥチやフトゥという集団区分は、紛争によって形成され、強化されてきたのである。

ルワンダのジェノサイドとは実際のところどのようなものだったのか。誰が誰を、そしてなぜ殺戮したのか。なぜ、それが起こらねばならなかったのか。いつ、その種が蒔かれたのか。以下では、このような疑問に答えていくことにしよう。

二　内戦からジェノサイドへ

ルワンダは、ジェノサイドに先立つこと三年半前の、一九九〇年一〇月から内戦状態にあった。このとき北隣のウガンダから、反政府武装組織の「ルワンダ愛国戦線」（ＲＰＦ）が侵攻してきたからである。ＲＰＦは、ウガンダのルワンダ難民を中心に組織された武装集団であり、その中核はトゥチだった。

一方、そのときルワンダでは、ハビャリマナ大統領が政権の座にあった。ハビャリマナは一九七三年、独立以来政権を担ってきた同じフトゥのカイバンダをクーデタで倒して権力を掌握したが、地縁・血縁の結びつきを重視し、少数の身内集団で重要なポストを独占することで政権を維持してきた。ルワンダでは、後述するように独立前後に紛争が勃発し、その結果トゥチを中心として多数の難民が周辺国に流出したのだが、ハビャリマナ政権は難民帰還を認めなかった。ＲＰＦは、ルワンダへの帰還と政治的権利の獲得を目指して、祖国に侵攻したのである。

内戦状態に陥ったルワンダに対して国際社会は和平を促し、一九九三年八月に「アルーシャ協定」が政府とＲＰＦとの間で締結された。これは権力分掌を定めた和平協定で、ＲＰＦは野党勢力とともに（ハビャリマナ政権は一九九一年から多党制を導入していた）、暫定内閣、暫定議会などにポストを確保し、さらにほぼ半々の割合で国軍と統合して新国軍を編成することとなった。「アルーシャ協定」が履行されれば、それまでハビャリマナ政権の中枢に位置した集団が、その特権的地位を失うことは明らかだった。そのため、彼らは協定履行を徹底的に妨害したのである。

妨害の主要な戦略は、政治対立をエスニック集団間の対立へとすり替えることだった。彼らは、RPFをトゥチと同一視し、トゥチとは交渉できないと主張した。トゥチは植民地化に先立つ数世紀の間、フトゥに対して苛烈な支配を行ってきた。トゥチはそうした支配を再び確立するために、ルワンダに攻め込んだのだ。トゥチは権力を欲しており、悪辣で信用できない。これが彼らの論理である。こうした主張は、彼らが支援して設立された急進的なメディア（ラジオや新聞）を通じて、繰り返し流された。

RPFは、トゥチだけから構成されていたわけではない。そこにはトゥチ難民だけでなく、独裁的なハビャリマナ政権に反発するフトゥも参加していた。しかし、RPFという政治組織をトゥチというエスニック集団と同一視し、トゥチをフトゥにとって交渉不可能な集団として描く主張は、一九九〇年代のルワンダで巨大な影響力と動員力を持つことになる。

その理由は複雑だが、さしあたり二つの点を指摘しておこう。第一に、以前の紛争の記憶である。ルワンダで、独立前後の紛争によって多数のトゥチが難民化したことは、厳然たる事実である。国家から放逐されたトゥチが、その国家を転覆するために戻ってきたという説明は、現行の体制から何らかの利益を得ている者の恐怖感を煽る。ハビャリマナ政権中枢の集団のように、現行の体制から特権的な利益を得ている者は少なくても、たとえば公務員や教員など、政権の安定に生活を依存する者は多かった。

第二に、隣国ブルンディの政変である。ルワンダとブルンディは「双子国」と言われるほど、社会構造が似ており、トゥチとフトゥの人口構成もほぼ同じである。ブルンディでは独立以降、人口的には少数派のトゥチが軍を独占し、それを基盤として政治権力を握り続けてきたが、一九九三年六月に民主的な選挙が実施され、史上初めてフトゥの政治家が大統領に選出された。しかし、同年一〇月、その大統領は軍によって暗殺されてしまう。ルワンダの急進派メディアは、この事件を「トゥチの悪辣さ」の根拠として、反トゥチのプロパガンダを強めていった。

和平と権力分掌を目指したアルーシャ協定締結と相前後して、ルワンダの政治状況は極度に不安定化し、エスニックな言説が政治空間を支配した。そして、野党の分裂と相まって、一九九三年の後半以降、アルーシャ協定の履行に反対する急進派が急速に膨張していった。そうした状況で、ハビャリマナ大統領暗殺事件が起こったのである。

一九九四年四月六日、タンザニアでの地域首脳会議を終え、空路ルワンダに向かっていたハビャリマナ大統領の搭乗機が、首都キガリに着陸する直前、何者かによって撃墜され、搭乗員全員が殺害された。この事件の犯人は現在なお不明だが、政権中枢部を中心とする急進派はＲＰＦの仕業と断定し、ＲＰＦのシンパに報復するという論理に基づいて、アルーシャ協定の履行に積極的な野党指導者とトゥチの民間人を殺戮していったのである。

このように、ルワンダのジェノサイドは、アルーシャ協定に反対するフトゥ急進派が、ＲＰＦのシンパと見なした人々（アルーシャ協定履行を進めるフトゥ政治指導者、およびトゥチ全体）を抹殺しようとした事件である。フトゥという集団総体と、トゥチという集団総体が敵対したわけではない。フトゥ、トゥチといったエスニック集団を主語として、この事件を語ることはできないのである。

め込まれていたことになる。

三　植民地期の変容と遺産

RPFは、独立前後の紛争によって周辺国に逃れた難民の第二世代から構成されていた。つまり、一九九〇年に勃発したルワンダ内戦、さらに一九九四年のジェノサイドの原因は、独立前後の紛争に埋め込まれていたことになる。

大量のルワンダ難民流出のきっかけをつくったのは、一九五九年の紛争である。独立を間近に控えたこの時期、ルワンダでは政党活動が解禁され、諸政党が独立に向けて競合していた。「ルワンダ国民連合」と「フトゥ解放運動党」という二つの政党が特に有力で、前者は現行の政治体制を維持して速やかに独立することを、後者はフトゥの政治参加を確保するための政治改革実施後の独立を求めていた。ルワンダ国民連合の支持者は、行政機構の幹部など有力者が中心で、その多くはトゥチであった。フトゥ解放運動党はその名のとおり、フトゥの「解放」を掲げた政党であった。この二つの政党が勢力を競い合う中で、支持者の衝突から全国的な紛争に発展したのである。

植民地期末期に勃発したこの紛争の原因を考えるためには、もう少し歴史を遡る必要がある。トゥチ、フトゥという集団区分は、植民地化以前から存在した。ルワンダは、アフリカでは比較的珍しく、植民地化以前の王国があまり版図を変えることなく植民地化され、主権国家として独立した国である。王と王妃は牛の牧畜を主たる生業とするトゥチの家系から選ばれ、王国を司る王宮のメンバーや地方の有力なチーフにもトゥチが多かった。広大な放牧地を有するチーフは、農耕民から賦役、貢納を供出させて領主的支配を行った。農耕民の多くはフトゥだった。

しかしながら、トゥチとフトゥとが集団として支配・被支配の関係にあったわけではない。チーフの中にはフトゥもいたし、フトゥと同じく農耕に従事し、チーフに貢納を供出する貧しいトゥチも多かった。そもそも、トゥチとフトゥとの境界はそれほど厳密ではなく、貧しいトゥチの家系が数世代後にフトゥと見なされるようになることも（またその逆の動きも）珍しくなかった。さらに重要なことは、ルワンダ中心部を統治する王国（正確には、ニギニャ王国と言う）の版図が、必ずしもルワンダ人（ルワンダ語話者）の居住域全体を統一的にカバーしていなかったことである。ニギニャ王国はいわばルワンダ統一の途中であって、周辺部にはその権威に服従しない地域も多かったし、領土も確定していなかった。特に北西部には、ニギニャ王国から自律的なフトゥだけの王国も存在した。

こうした状況が激変するのは、植民地期のことである。ルワンダは一八九九年にドイツの保護領となる。ドイツは、ルワンダ統治にあたって、間接統治制度を採用した。植民地を管理するための人員が決定的に不足していたため、最高レベルの意思決定こそドイツが行うものの、基本的に王国の統治制度を利用して植民地統治を行ったのである。

植民地化に伴って領域が確定されたルワンダには、従来ニギニャ王国の権威に服さない地域が少なからず含まれていた。ニギニャ王国は植民地化以前、中部アフリカ屈指の軍事強国であったとはいえ、領土的統一は達成できていなかった。しかし、ドイツの軍事力をバックにつけた王は周辺部に派兵し、一九一〇年代には領土内の平定に成功する。そして、地方に対してもトゥチ行政官を派遣し、賦役や貢納など中央の制度を移植したのである。この措置は地方で大きな不満を呼んだ。

第一次世界大戦でドイツが敗北すると、ルワンダは国際連盟の委任統治領となり、ベルギーが実質的な植民地管理を担う。一九二〇年代から三〇年代にかけて、ベルギーは植民地行政の合理化を進め、チーフやその部下であるサブチーフの数を大幅に削減するとともに、一人当たりの管轄領域や権限を拡大した。そして同時に、チーフやサブチーフからフトゥを排除し、行政機構の幹部職をトゥチに独占させた。トゥチのチーフやサブチーフは植民地政策の執行役として強大な権限を行使し、住民から恨みを買った。

ベルギーが行政幹部をトゥチに独占させた背景として、当時ヨーロッパ人の間で支配的だった人種理論の存在を指摘することができる。一九世紀以降、ヨーロッパでは白人種をヒエラルキーの頂点とする人種理論が広く受容されたが、そこには「ハム仮説」と呼ばれるアフリカ文明史観が含まれていた。「ハム仮説」に従えば、混沌の大陸アフリカに土着の文明はなく、そこに文明を持ち込んだのはすべて「ハム人種」であった。ここで、ハム人種とされたのは、アフロ・アジア語族クシ諸語を話すアフリカ北東部の住民である。ハムとは「旧約聖書」の創世記に登場するノアの息子の一人だが、父親の裸を盗み見たとして呪われる。つまり、ハムの子孫であるハム人種は、ノアの息子の子孫という意味で白人種だが、ノアの呪いによって色が黒い。そして、エチオピアをはじめ、アフリカの高文明はこのハム人種が持ち込んだと理解された。

一九世紀にルワンダを訪れたヨーロッパ人は、王宮の人々を見て、トゥチはハムだと考えた。トゥチには、北東アフリカの人々と似た長身痩躯の体型が多い。一方、農耕民の多くを占めるフトゥはアフリカ土着の人種だと見なされた結果、トゥチがエチオピアから南下してフトゥとトゥワを征服し、ルワンダに王国を築いたと考えられた。「ハム仮説」に基づいてルワンダの歴史と社会を理解した植民地当局は、「生まれついてのチーフ」であるトゥチに行政幹部を独占させることを当然と考えたのである。

たしかにトゥチには、北東アフリカでよく見られる長身痩躯の体型の人々がいる。二〇世紀初頭に撮影された王宮の写真を見ると、そこに写っている人々はそろって似たような体型をしている。しかし、王宮以外にもトゥチはおり、体型だけでトゥチとフトゥが判別できるなどということは決してない。「ハム仮説」はヨーロッパ中心的で科学的根拠のないイデオロギーに過ぎないし、言語学的資料などから、トゥチがフトゥなどを征服してルワンダを建国したという説は、今日ほぼ否定されている。

「ハム仮説」は、ヨーロッパ人の観念の中にあったものである。しかし、それが植民地という非対称的な権力関係の中で政策として実践された影響は甚大であった。フトゥは行政幹部から排除され、トゥチは数世紀前に北方から渡来してフトゥを征服したのだと、学校や教会で教えられるようになった。一九九四年のジェノサイドにさいして、急進派のメディアは、トゥチは故地のエチオピアに帰れと主張したが、その根拠をたどれば「ハム仮説」に行き当たる。権力から構造的に疎外されたフトゥは既存の政治体制への不満を醸成させ、植民地当局の手先として重い税金を取り立てるチーフやサブチーフへの怨恨を募らせた。植民地末期の政党解禁に伴ってフトゥ解放運動党が設立され、紛争が勃発するのは、こうした背景があってのことである。

四　国際社会の規範変化とベルギーの選択

一九五九年に、ルワンダ国民連合とフトゥ解放運動党の間で紛争が起こったとき、植民地当局は後者を支援した。住民から恨みを買ったチーフやサブチーフが襲撃されても、当局は住民らを取り締まらず、反撃しようとしたチーフらを逮捕した。襲撃されて逃亡したり、逮捕されたりして空席となったチーフやサブチーフのポストには、フトゥ解放運動党の支持者が任命された。新しい行政幹部はトゥチ住民の追い出しを扇動したため、さらに多くの人々が難民化した。政治権力の構造は短期間のうちに大転換を遂げ、ルワンダはフトゥ解放運動党が権力中枢を独占する共和国として一九六二年に独立した。その初代大統領が、後にハビャリマナにクーデタで放逐されるカイバンダであった。国外に逃亡したルワンダ国民連合派は、一九六〇年代の前半にかけて何度か武力侵攻を試みたが成功せず、そのたびに国内では報復としてトゥチ住民が襲撃、殺害された。

独立直前に起こった政治権力の転換は、植民地当局の支援なしに起こり得なかった。一九二〇年代に行政機構からフトゥを排除した植民地当局は、なぜ独立直前にフトゥ解放運動党を支援したのだろうか。この点で、第二次世界大戦以降の国際社会の規範の変化は重大な影響を及ぼしている。

二〇世紀の前半、植民地の領有は大国にとって当然のことと考えられていた。しかし、第二次世界大戦後、事態は大きく変化する。植民地大国のイギリスやフランスが国力を疲弊させる一方、アメリカとソ連が国際政治における新たな超大国として台頭した。米ソはともに植民地をほとんど持たず、特にソ連は植民地解放を進める立場をとった。また、第二次世界大戦の終結とともにアジア諸国が続々と独立し、国際連合（以下、国連）に加盟したことで、国連総会は植民地解放を唱導する舞台となった。こうした中で、国連信託統治領となったルワンダにも、国際社会の厳しい眼が注がれていく。

ベルギーの統治にまったく口を出さなかった国際連盟と異なり、国連は「人民の同権及び自決の原則」（国連憲章第一条）を重視してルワンダに定期的に使節団を送り、統治の実態を視察した。一九四八年の最初の訪問時には、政治構造の民主化が提案されている。当時ベルギーはルワンダに独立を与える意思を持っていなかったが、国連は自治独立に向けた努力を促したのである。

一九五〇年代になると、近代教育を受けたフトゥ・エリートは、統治権力がトゥチに独占され、フトゥが排除されている状況に対して、公的な異議申し立てを行うようになる。これに呼応して国連も、フトゥの政治参加を進める勧告を出した。ルワンダ国民連合は、トゥチが権力を独占する既存の統治構造を維持したままで即時独立を訴えたが、この主張は、フトゥ・エリート率いるフトゥ解放運動党に対してはもちろんのこと、国連の勧告にもそぐわないものだった。ベルギーにとっても、すぐに独立を付与するよりも、自らの影響力を残すべく、独立に向けた準備を進めることが国益にかなう選択だった。こうした理由から、ベルギーは植民地期末期の紛争にさいしてフトゥ解放運動党を支援したのである。

紛争の結果、トゥチを中心に二〇万人近くが難民となった。また、大規模な放牧地を所有していたトゥチのチーフの流出によって、トゥチとフトゥの間には生業上の区別もほとんどなくなった。独立後は、カイバンダ、ハビャリマナというフトゥ政権の下で、トゥチ難民は帰国を許されず、国内のトゥチは差別と迫害を受けた。これが一九九〇年のＲＰＦ侵攻につながることは、先に述べたとおりである。

トゥチのチーフが統治権力を独占している状況を変革し、フトゥの政治参加を進めることは必要であった。しかし、そのことと、暴力的な紛争が起こったさいフトゥ・エリートの政党に荷担し大量のトゥチを国外に流出させることとは次元の異なる話である。植民地当局という圧倒的に強力な主体が特定の政党に肩入れしたために、数多くのトゥチが難民となり、三〇年後の内戦とジェノサイドの種が蒔かれたのである。

五　悲劇を繰り返さないために

植民地化以降のルワンダでは、政治的な問題がエスニック集団間の問題に置き換えられ、特定のエスニック集団が被害を受けるという歴史が繰り返されてきた。一九二〇年代の行政改革がフトゥの排除につながり、植民地末期における政治参加の拡大要求はトゥチの排除をもたらした。そして、一九九〇年代には権力分掌を図った和平協定がフトゥ急進派の猛反発を招き、トゥチに対するジェノサイドに至った。

一連の問題の契機が、植民地期にあることは明白である。その時期、エスニック集団のメンバーシップ（誰がフトゥで、誰がトゥチであるか）が固定化し、行政機構上の人事配置などを通じてトゥチに対するフトゥの従属が制度化されていった。このようにエスニシティが政治化された結果として、ルワンダでは政治現象をエスニシティの論理に回収する力学が強く作用するようになった。そして、政治対立が常にエスニックな対立に置き換えられてきたのである。

一九九四年のジェノサイドによって再燃した内戦に勝利したRPFは、政権を獲得すると、エスニック集団による差別を一切廃止すると宣言し、身分証明書のエスニック集団名の記載を削除した。今日ルワンダでは、公的な場面でエスニシティについて語ることは事実上タブーになっている。

ジェノサイドの悲劇を繰り返すまいという現政権の姿勢は評価すべきだが、エスニシティについて語らないことは、必ずしも紛争抑止につながらない。政治をエスニックな論理に回収しようとする強い力学に抗するためには、その存在を認めた上で、それを乗り越える政策を掲げ、現実化する努力を続けることしかないだろう。政治的不平等が存在し、それがエスニシティに関係すると理解されている状況が実際にあるなら、エスニシティについて語ることを禁じたところで、逆効果でしかない。

強度に政治化されたエスニシティというルワンダにとっての桎梏《しっこく》が、ヨーロッパ人の対ルワンダ認識に由来することは重く受け止める必要がある。「トゥチによるフトゥ支配」という単純化されたルワンダ社会認識が、非対称的な権力関係の下で、植民地政策を経て現実を変えた。われわれにとっても、単純化されたエスニックな論理で政治を解釈する愚に荷担することなく、政治の主体を見極め、エスニックな論理を超える実践を支援することが求められている。

参考文献

武内進一（二〇〇〇）、「ルワンダのツチとフツ―植民地化以前の集団形成についての覚書」武内進一編『現代アフリカの紛争―歴史と主体』アジア経済研究所、二四七―二九二頁。

同（二〇〇三）、「ブタレの虐殺―ルワンダのジェノサイドと『普通の人々』」武内進一編『国家・暴力・政治―アジア・アフリカの紛争をめぐって』アジア経済研究所、三〇一―三三六頁。

同（二〇〇七）、「ルワンダのジェノサイドとハビャリマナ体制」佐藤章編『統治者と国家―アフリカの個人支配再考』アジア経済研究所、二二三―二七五頁。

第8章　イスラエルによるレバノン攻撃とその影響

——国内・地域的な視点から

小副川　琢

レバノンとイスラエルとその周辺国

はじめに

二〇〇六年七月一二日に勃発した「レバノン戦争」（「レバノン危機」や「イスラエル・レバノン戦争」「第六次中東戦争」などさまざまに呼ばれているが、ここではレバノンを主戦場とした「戦争」という意味で、この用語を用いることにする）は、レバノンのシーア派組織「ヒズブッラー」がイスラエル領内に侵入し、イスラエル兵二名を捕虜としたことにより始まった、「国家」対「非国家主体」の宣戦布告なき「戦争」であった。以後、八月一四日の停戦発効に至るまでの三四日間、イスラエル軍とヒズブッラーによる国境をはさんだ攻撃の応酬が続いたほか、イスラエル軍はレバノン南部やベイルート南部にあるヒズブッラーの拠点のみならず、レバノン各地に対する攻撃を行った。この結果、戦闘期間中のレバノン人死者数は政府発表で一一八七名に達し、七四万人の国内避難民、二三万人の国外避難民が発生した。

レバノン戦争そのものは、同国の人命やインフラに対して多大な被害をもたらし、一カ月強で終了したが、同戦争の「後遺症」とも言うべき現象はその後も、レバノンの政治経済に大きな負荷をもたらしている。ここでは最初に、現在の内政麻痺の遠因ともなっている戦争中のレバノン政府とヒズブッラーの動きに焦点を当てながら、その推移を時系列的に概観する。また、その過程で生じた国内・国外避難民をめぐる動きを、「人間の安全保障」の観点から取り上げてみたい。さらに、レバノン戦争が同国や中東地域に与えたインパクトに関して考察するとともに、「平和構築」の視点も取り入れて論じることにする。

一　レバノン政府とヒズブッラー——対立から協調へ

1　ヒズブッラーに冷淡なレバノン内外の状況

ヒズブッラーがイスラエルの国境地帯に対するミサイル攻撃を行い、越境してイスラエル兵二名を捕獲した七月一二日、イスラエルのオルメルト首相は声明を発し、その中で事件発生の責任はレバノン政府に帰するとの見解を示した。レバノンのスィニオーラ首相はこれに対して、ヒズブッラーの行動計画を事前に知らなかったことを理由に、政府に責任はないとの見解を明らかにした。その一方、ヒズブッラーによる越境攻撃を容認しないと述べたのであった。また、国連安保理決議第一五五九号や第一六八〇号に基づき、レバノン・イスラエル国境地帯で武装闘争を続けているヒズブッラーを武装解除し、同地帯における政府の主権を確立する意向をも表明した。

イスラエル軍が、一九八二年以来レバノン南部の国境地帯を占領して設定していた「安全保障地帯」から二〇〇〇年五月に撤退した後も、「シャブア農場」がイスラエル軍によっていまだに占領されていることを口実に、ヒズブッラーは武装解除せず、国境地帯でしばしばイスラエル軍と交戦を行ってきていた。こうした中で、ヒズブッラーの対イスラエル武装闘争に対するレバノン国民の見解は二分されるようになり、二〇〇六年三月に始まった「国民対話会合」における主要議題の一つとなった。レバノンの主要政治勢力の指導者が参加した同会合において、ヒズブッラーの武装闘争に関するコンセンサスが形成されなかった中、スィニオーラ首相は欧米諸国からの投資を呼び込む観点から、武装闘争をレバノン経済にとってのマイナス要因と見なし、今回の越境攻撃を契機にヒズブッラーの武装解除に取りかかる決意を示したのであった。

レバノン政府によるこうした当初の姿勢には、同国内外におけるヒズブッラーに対する冷淡な世論が影響していた。レバノンの『デイリー・スター』紙は七月一四日、前日午後にキリスト教徒居住地区のアシュラフィーヤからイスラーム教徒居住地区のハムラーに至るまで、無作為に住民の声を聞いた結果を報じているが、「事件は最悪のタイミングであった」との見解がキリスト教徒、イスラーム教徒を問わず共通していた。首都ベイルートの住民に対する調査だけではレバノン全体の動向を推し量ることは困難であるが、観光がレバノンの主要産業の一つであるため、ヒズブッラーが事件を起こしたことによる夏の書き入れ時の収入減を、多くの人が懸念したのであろう。他方で、サウジアラビアやエジプト、ヨルダンは一四日、イスラエル軍のレバノン攻撃を非難すると同時に、ヒズブッラーの行動をアラブの利益にならない無責任な「冒険主義」であると非難したのであった。さらに、翌一五日にカイロで開催されたアラブ連盟緊急外相会議においては、これら三カ国に加えてクウェート、イラク、アラブ首長国連邦、バハレーン、パレスチナ自治政府がヒズブッラーに対して同様のスタンスをとったのである。

アラブ諸国がヒズブッラーに対して距離を置き続ける中、イスラエルはレバノン南部の国境地帯に侵攻したのみならず、同国南部の市町村や首都ベイルートに対する攻撃を続けた。ヒズブッラーの拠点である南部ベイルートの市街地のみならず、空港や港湾、道路や橋梁が標的になり、レバノン経済への影響が懸念されるようになった。オルメルト首相が一七日に、「ヒズブッラーによって連れ去られた兵士が解放されるまで攻撃を続ける」との声明を発表し、イスラエル軍が攻撃の手を緩めない中、レバノン側は二三日になってベッリー国会議長声明の形で、イスラエル兵捕虜とイスラエルで拘束中のレバノン人との「捕虜・囚人交換」を、レバノン政府主導で行うとの意向を表明した。ヒズブッラーのナスルッラー書記長は当初から「捕虜・囚人交換」を要求しており、戦闘開始後一〇日目にして、政府とヒズブッラーがイスラエルに共同して対処する姿勢が整った。

翌二四日に、ライス米国務長官がベイルートを訪問し、人質のイスラエル兵士の無条件釈放を求めたのに対し、会談したスィニオーラ首相とベッリー国会議長はともにこの要求を拒否し、「捕虜・囚人交換」を提案した。その後、二六日にローマで開催された関係各国と国連などによるレバノン問題緊急外相会議において、スィニオーラ首相が即時かつ包括的な停戦要求を提出したものの無視された。こうしてイスラエルによる大規模なレバノン攻撃が続けられる中、七月二七日までのレバノン人犠牲者は、同国政府発表で六〇〇人を超える事態となったのである。

2　ヒズブッラー支持を明確にしたスィニオーラ政権

レバノン内で民間人の犠牲者が増え続け、イスラエルによる無差別攻撃に対する批判が高まる中、スィニオーラ政権はその親米姿勢を転換させ、ヒズブッラーに対する支持をより鮮明にしていった。事実、スィニオーラ首相は七月三〇日に声明を発し、ライス米国務長官には停戦が発効するまでレバノンを訪問しないように求める一方、ヒズブッラーに対してはレバノンの防衛のために戦っているとの評価を与えたのであった。この背景には、二六日のレバノン問題緊急外相会議でスィニオーラ首相が発表し、二七日のレバノン閣議で了承された「七項目プラン」に対して、ヒズブッラーのナスルッラー書記長が同意を表明していたことがあった。「七項目プラン」とは、①「捕虜・囚人交換」の実施、②イスラエル軍の国境線までの撤退と、住居を追われたレバノン市民の帰還、③「シャブア農場」からのイスラエル軍撤退と、同農場の一時的な国際管理、④レバノン政府権限の南部全域への拡大、⑤レバノン南部におけるＵＮＩＦＩＬ（国連レバノン暫定軍）の規模拡大、⑥イスラエル・レバノン間で一九四九年に結ばれた休戦協定の実効化、⑦レバノン南部の再建、を内容としており、ヒズブッラーの意向をも汲み入れた、レバノン政府による包括的な即時停戦構想であった。

このように、レバノン内から事態打開の動きが生じてきたが、イスラエルは攻撃の手を緩めることがなかった。米国とフランスは八月五日、交渉の末にレバノン停戦安保理決議案に合意したが、レバノンは同決議案を拒否する構えを見せた。というのも、同決議案がイスラエル軍の即時撤退を要求しておらず、またイスラエル軍の「自存自衛」を容認する内容となっていることで、イスラエルによる攻撃の続行を事実上認めるものであったからである。

そこでレバノン政府は七日の臨時閣議において、イスラエル軍の撤退に向けた環境づくりの一環として、イスラエル軍の撤退を条件にレバノン国軍一万五〇〇〇人規模の南部展開を全会一致で決定した。ヒズブッラー出身閣僚であるフネイシュ・エネルギー水資源相と、同組織との関係が深いと言われているサッルーフ外相がともに、レバノン軍の南部展開を支持したことは、政府とヒズブッラーの足並みがそろっていたことを意味する。スィニオーラ首相は、翌八日の衛星放送テレビ局「アル・アラビーヤ」とのインタビューにおいて、ヒズブッラーの武装闘争がイスラエルとの停戦交渉を行う際の強力な交渉カードになるとして評価し、政府による外交交渉とヒズブッラーによる武装闘争の一体性を強調した。また、ナスルッラー書記長は九日に、レバノン国軍の南部展開を支持する声明を発表した。

イスラエルはこの間、レバノン政府の動きを黙殺する形で攻撃を続けていたが、他方でイスラエル軍のレバノン南部からの撤退を目指す枠組みづくりが、米仏を中心に主要国間で進行した結果、国連安保理常任理事国間の調整が終わった一一日夜に、決議第一七〇一号が採択されるに至った。ナスルッラー書記長は翌一二日、イスラエルがレバノン領土を占領している限り武装闘争を続ける意向を表明したが、レバノン政府による停戦受け入れを妨害する意図はないと明言した。そこで、レバノン政府が同日夜に、イスラエル政府が翌一三日に、それぞれ安保理決議第一七〇一号受諾の決定をした結果、停戦が一四日午前五時（グリニッジ標準時）に発効した。なお、停戦発効後もイスラエルはしばらくの間、レバノンに対する空域・海域封鎖を続けていたが、スィニオーラ政権のさらなる弱体化を望まない米国からの圧力もあって、九月八日に全面解除した。また、イスラエル軍のレバノン南部からの撤退に関しては、両国の国境に位置するガジャル村の北半分を除き、一〇月一日までに完了し、レバノン・イスラエル関係はほぼ元どおりの「冷たい」関係に戻ったのである。

二　国内避難民、国外避難民をめぐる状況

1　ベイルート、さらには国外へ向かったレバノン人

戦闘が勃発すると、イスラエル軍による連日の激しい攻撃に晒されたレバノン南部からベイルートに向かって、国内避難民が発生した。イスラエル軍が南部と首都を結ぶ主要道路とその橋に対する空爆を行った結果、避難の道程は非常に困難なものになった。ベイルートへ向かう途中で命を落とすこともある状況で、脱出する手段（自動車）や資金を保持していないなどの理由から残留する南部住民もいたが、その生活もかなり厳しい状況であった。というのも、イスラエル軍の激しい空爆に晒されるのはもちろんのこと、イスラエルが基本的には救援物資の搬入を妨害したため、生活必需品にもこと欠く状態となったからである。

ベイルートに無事到着したレバノン人は、親類や身寄りのある者はそれらの家に間借りし、資金に余力のある者はベイルート市内のホテル、もしくはより安全なレバノン山地の避暑地にあるホテルに滞在した。そうでない者は、ベイルート市内の学校や公園で寝泊りをする生活に入ったが、ここでは宗派を超えて、避難民に対するサポートが見られた。さらには、ヒズブッラーの拠点があることから爆撃を受けたベイルート南部から、ほぼ無傷の中心部への避難も見られた。こうした中で、レバノン南部やベイルート南部からの避難民の中にはその後、シリアへ向かったり、さらには欧米諸国に向かった人々もいたが、そのさいにはあらかじめ個々人が持っていた財力やネットワークが重要な役割を果たしたことは、

指摘するまでもないであろう。

2 国外脱出を図った外国人

レバノン国内の動きと並行して、同国在住の外国人や、ビジネスや観光で訪問していた外国人は激化する戦闘を避けて、七月一九日から国外への一斉避難を開始した。イスラエルの爆撃によってベイルート国際空港が使用不可能になり、またイスラエルがレバノンの空域・海域双方の封鎖を行っている中、外国人が避難するさいの船舶の安全はイスラエルが保障したので、彼らの多くはベイルート港から船で脱出した。また、ベイルート・ダマスクス街道を通りシリアへ脱出したケースもあったが、イスラエル軍の空爆により一時不通になるなど、危険と隣り合わせの道中であった。こうした中で、ベイルート・ダマスクス間の輸送コストは当然のことながら跳ね上がり、七月一八日の衛星放送テレビ「アル・ジャジーラ」はバスの運賃が一五ドルから二〇〇ドルに、セルビス（乗合タクシー）の運賃が一人当たり七〇〇ドルに跳ね上がったことを報じた。

外国人、その中でも欧米諸国出身者（レバノンとの二重国籍取得者を含む）の国外脱出はほぼ一週間で終了した。この間、欧米マスメディアは避難船が到着するキプロスのラルナカ港からの中継を連日のように行い、その脱出劇を世界に知らせた。また、トルコのメルシン港にも米仏海軍の船舶が到着し、多くの欧米諸国出身者は、ラルナカ国際空港やトルコのアダナ空港からそれぞれ帰国の途に就いたのであった。

ところで、戦争勃発当時にレバノンにいた外国人は欧米諸国出身者に限られないことを忘れてはならない。隣国のシリア人を中心とするアラブ人や、フィリピンやスリランカなどからのアジア人労働者、エチオピア人労働者がレバノンには多数存在していた。これらの人々の存在は、海外マスメディアの報じる欧米人の大々的な脱出劇の影に隠れてしまった感があるが、「人間の安全保障」の観点からの重要な問題をはらんでいる。というのも、もともと資金力やネットワークに乏しい上に、場合によっては雇用主にパスポートなどの身分証明書を取り上げられていたケースも存在し、こうした人たちの脱出が後回しになっていたからである。事実、欧米諸国出身者の脱出が終了した後もしばらく、アラブ人やアジア人の脱出劇は続き、レバノン戦争においても他の紛争と同様に、「被害者」間格差が個人の安全確保に直結する事態となったのである。

三　レバノン、および中東地域に与えた影響

1　政治情勢に与えた影響

それでは、レバノン戦争は同国の政治にいかなる影響を与えたのであろうか。イスラエルはレバノンに対して大規模な空爆を行いながらも、組織としてのヒズブッラーの壊滅はおろか、人質の二名の兵士を取り返すこともできなかった。さらには、現在に至るまで彼らが生存しているか否かの確固たる情報を得ることさえできておらず、戦争を遂行したオルメルト政権に対する国民の目は厳しいものがある。

他方でレバノンにおいては戦争中、国軍がまったく機能しなかったのに対し、ヒズブッラーがイスラエルにロケットを打ち込むなど、ヒズブッラーの善戦ぶりを称える声が高まった。このことは、レバノン国家の「守護者」としてのヒズブッラー人気が高まる一方、戦争によって多数のレバノン人犠牲者が発生したことに対するスィニオーラ政権の責任を問う動きが生じたことを意味する。こうした中で、ヒズブッラーは同じくシーア派の組織であるベッリー国会議長率いる「アマル」、二〇〇六年二月に「戦略的パートナーシップ協定」を締結したキリスト教マロン派のアウン議員率いる「自由国民潮流」とともに、政権内での発言力を高めるために内閣改造を要求し始めたのである。二四名の閣僚から構成されるスィニオーラ内閣に、アマルやヒズブッラーは五名の閣僚を送り込んでいたものの、自由国民潮流からは入閣しておらず、新たに自由国民潮流からの閣僚を入れた上での「挙国一致内閣」の形成を、これらの政治組織は目指したのである。

しかしながら、スィニオーラ政権を支持してきたハリーリー議員率いる「ムスタクバル潮流」、ジュンブラート議員率いる「進歩社会主義者党」、ジャアジャア執行委員会議長率いる「レバノン軍団」などは現内閣の維持を主張し、「挙国一致内閣」の形成をめぐる双方の対立は深まった。ベッリー国会議長はそこで、レバノン戦争勃発により中断していた「国民対話会合」を一一月六日に再開させた。数日間にわたり、「挙国一致内閣」の形成をめぐって話し合いが持たれたが、内閣改造に対するコンセンサスが成立するには至らなかった。結局、一一日にアマルやヒズブッラーの閣僚五人がスィニオーラ内閣に辞表を提出し、その後も「挙国一致内閣」形成の目処が立たない中、ヒズブッラーやアマル、自由国民潮流の支持者らは一二月一日から、ベイルート中心部で無期限座り込みを開始したのである。シーア派の閣僚をすべて欠いたスィニオーラ内閣は、違法であるから退陣するまで座り込みを続ける、というメッセージだった。

二〇〇七年に入ると、一一月に任期切れを迎えるラフード大統領の後継者の選出が、レバノン政治における大きなイシューとなった。ヒズブッラーはアマルや自由国民潮流とともに、与野党双方に受け入れられる「中立的な」大統領候補者の選出を強く要求し、与党陣営候補の選出に反対の意向を表明した。与野党双方で話し合いが持たれてきたが、「中立的な」候補者を擁立することは容易でなく、二〇〇八年三月時点で新大統領選出の見通しは依然として不透明である。

2　経済・社会情勢に与えた影響

こうした与野党対立に加え、通常国会も二〇〇七年に入ってから開催されないなどの政治的麻痺状態がレバノンで続いていることは、当然のことながら同国の経済・社会状況に悪影響を及ぼしている。レバノン戦争による被害に関しては、停戦発効後に同国の「開発再建委員会」が、イスラエルの攻撃による直接的な被害総額は三五億ドルに達すると発表し、被害の内訳として八〇の橋、九四の道路、一万二〇〇〇の家屋が含まれていることを明らかにした。また、「レバノン産業労働組合」は、戦争が同国の産業全体にもたらした被害額を二億ドルと見積ったほか、国連開発プログラムは三四日間の戦闘がレバノン経済に与えた損失額を最低でも一五〇億ドルと算出し、三万五〇〇〇の家屋および商業施設が被害を蒙ったとのデータを明らかにした。

戦闘終了後に被害状況が明らかになる中、八月三一日には世界から約五〇カ国と国際機関が参加したレバノン支援国会合がストックホルムで開催された。復興支援として総額九億四〇〇〇万ドルの搬出を同会合が決定した結果、会合開催前に個別に表明されていた支援額を合わせ、国際社会が約束した復興支援額は二〇億ドルを超えるものとなった。なお、日本は戦争中の八月八日、緊急人道支援として世界保健機関（WHO）に一〇〇万ドル、世界食料計画（WFP）に五〇万ドル、国連難民高等弁務官事務所（UNHCR）に五〇万ドルの、総計二〇〇万ドルの供与を決定したが、レバノン支援国会合では環境分野に対する国際機関を通じた三〇〇万ドルの支援と、地雷処理や不発弾処理プロジェクトに対する「人間の安全保障基金」を通じた二〇〇万ドルの支援の、計五〇〇万ドルに及ぶ追加支援の意向を表明したのであった。

ところで、イスラエルは戦争中に四〇〇万発のクラスター爆弾をレバノンに投下したと言われているが、そのうちの一〇〇万発が不発弾となったとの報道がなされている。不発弾の処理が国連によって始められているが、二〇〇七年一〇月半ばまでにレバノン人二五人の死亡と、一八五人の負傷が報告されている。他方で地雷に関しては、レバノン人の死傷例がいくつか報じられているが、地雷処理にあたっていた専門家一三人の死亡が確認されている。

レバノン支援国会合が広い意味での復興支援を話し合う場であったの対し、二〇〇七年一月二五日にパリで開催された第三回レバノン支援国際会議（第一回は二〇〇一年二月二八日、第二回は二〇〇二年一一月二三日実施）においては、戦争によって打撃を受けたレバノン経済に対する財政支援が話し合われた。同会議では七六億ドルのソフト・ローンおよび無償援助が合意され、レバノンは二〇〇七年七月までに三四億ドル分を受け取った。なお、レバノンに対する経済再建支援とともに、スィニオーラ政権に対するテコ入れという側面も同会議は持っていたが、実際の再建プロセスは与野党対立に伴う政治的麻痺により、なかなか進んでいないのが現状である。こうした中で、二〇パーセントと公表されている失業率を背景に、レバノンからの頭脳流出が懸念され、同国の将来に暗雲を投げかける状況が出現している。

3　軍事情勢に与えた影響

ヒズブッラーは戦争中、推定貯蔵量一万二〇〇〇発のロケットのうち、四〇〇〇発をイスラエルに向けて発射し、また四〇〇〇発がイスラエルの攻撃によって破壊されたと言われている。しかしながら、ヒズブッラーのナスルッラー書記長は戦争終了後の二〇〇六年一〇月三一日、三万三〇〇〇発のロケットを保有していると発言した。また、ヒズブッラーは安保理決議第一七〇一号に基づく活動制限を課されていないリタニー川北岸地帯において土地を購入し、ロケット発射可能な拠点を構築していると見られている。同地帯からは射程距離二九キロのカチューシャ・ロケットでさえ、イスラエル領内に着弾可能なので、シリア・レバノン国境経由の武器密輸が問題視されている。こうした中で二〇〇七年二月八日には、ベイルート郊外でシリアからのものと見られる武器（六〇ミリ迫撃砲四二挺、一二〇ミリ迫撃砲六〇挺、グラド・ロケット五二発、薬莢一一八ケース）が、レバノン軍によって押収されたと政府が発表した。

二〇〇七年六月二六日付の国連レバノン独立国境査定チームによる報告書では、レバノン・シリア国境における武器密輸の取り締まりが不十分であると指摘されている。同国境経由のイランからの武器供与によるヒズブッラーの戦力回復が言われ、またヒズブッラーのレバノン戦争における功績によってイランの中東地域における影響力の高まりが警戒される中、米国は二〇〇七年七月にイスラエルとサウジアラビア、エジプトに対する大規模な軍事援助を決定した。さらに、レバノン内では与党陣営と野党陣営の対立が宗派対立の様相をも帯びる中、シーア派のヒズブッラーの動きを警戒して、キリスト教マロン派やイスラーム・スンナ派の組織が軍事訓練を行っているとの報道も出ている。戦闘におけるヒズブッラーの健闘とその後の兵力増強に関する疑念は、ヒズブッラー、さらにはイランの影響力増大を警戒する親米国の軍備増強をもたらすとともに、レバノン社会の「軍事化」とでも言うべき様相をもたらしており、レバノン内外における「平和構築」の道のりを困難にしているのである。

四　結びにかえて

レバノン戦争は同国にかなりの物理的なダメージをもたらしたのみならず、レバノン人、外国人双方に人的被害を生じさせた。もとはと言えば、ヒズブッラーの行動に端を発した戦争であるが、イスラエルによる無差別的な攻撃はレバノン人を反イスラエルに駆り立て、最新鋭兵器で武装したイスラエルに対して果敢に立ち向かうヒズブッラーに対する支持を増大させたのである。他方で、レバノン政府はイスラエルと軍事的に対峙できなかったのみならず、停戦に向けた対応策もイスラエルや国際社会から無視されるなど、相対的に無力な状態に置かれていた。

この結果、戦争終了後のレバノン国内ではヒズブッラーの影響力が増し、「挙国一致内閣」の形成や大統領選挙の事例に見られるように、内政混乱の一要因になっている。また、ヒズブッラーの兵力増強が指摘される中、レバノン内ではマロン派やスンナ派組織がそれぞれ武器を蓄え、訓練を行っているとの報道がなされている。さらに、ヒズブッラーの政治・軍事両面におけるレバノン内の動向は、その後ろ盾となっているイランの中東地域における影響力に対する警戒を呼び起こし、イランを敵視する米国による親米国に対する軍事援助を強化する方向に作用しつつあるのである。

以上のことから、レバノン戦争は終了後も同国のみならず、中東地域に「平和構築」の観点からマイナスの影響をもたらしてきていると言えよう。イスラエル・パレスチナ紛争に加え、中東地域に火種をまた一つ増やす結果に終わったのであった。

参考文献

最上敏樹（二〇〇六）、「沈黙の国際安全保障―レバノン危機は国際危機である」『世界』七五七号（一〇月号）、七二―八二頁。

第9章　ヒズブッラーを支持する「イスラエル市民」たち

——アラブ人市民のエスニシティ

菅瀬　晶子

※本章の地域・地名については、第８章のトビラ地図参照。

一　ハイファ、二〇〇六年夏

1　あるミサイルの衝撃

二〇〇六年七月一四日、約三〇万人が居住するイスラエル第三の都市ハイファを、一発のミサイルが急襲した。この街に一三世紀から存在する、ローマ・カトリックの修道院の広大な敷地内に着弾したため、幸いにも死傷者は出なかったが、このミサイルがハイファのみならず、イスラエル全土に与えた衝撃は大きかった。一九九一年の湾岸戦争時、イラクからのミサイル攻撃を受けて以来の恐怖を、人々は味わったのである。

ミサイルを撃ち込んだのは、レバノンのシーア派武装組織ヒズブッラーである。しかし実のところ、ヒズブッラーからミサイル攻撃を受けるのは、イスラエル市民にとってそれほど珍しい出来事ではない。というのは、ヒズブッラーとイスラエルは、かれこれ二〇年以上も交戦状態にあるからである。ヒズブッラーは一九八二年、イランの後ろ盾の下にレバノンに誕生したシーア派武装組織であるが、その契機となったのは同年六月からのイスラエルによるレバノン侵攻であった。イスラエル軍はレバノン各地のパレスチナ難民キャンプに拠点を持つ、パレスチナ解放機構（PLO）掃討を掲げて国境を越え、その後も長らく南部を占領していた。ヒズブッラーはこれに対して、イスラエル側へのミサイル攻撃や兵士の誘拐イスラエル兵の捕捉などで抵抗してきたのである。イスラエル軍の撤退が完了した二〇〇〇年以降もなお、ヒズブッラーはイスラエルとの対決姿勢を崩していない。国境地帯では、しばしばヒズブッラーとイスラエル軍の小競り合いが続けられてきたが、そのことが国際ニュースで大きく取り上げられることは、稀であった。

ハイファにミサイルが飛来した数日前にも、ヒズブッラーによるイスラエル軍兵士の人質拉致事件が起こっていた。これを受け、イスラエル軍は一二日からベイルートやヒズブッラーの拠点のある南部地域に対する大々的な空爆を開始していた。これが世に言う、二〇〇六年夏のレバノン危機の始まりである。ヒズブッラーからの反撃は予想されていたことではあったが、まさか国境付近の辺鄙《へんぴ》な町や村ではなく、国境から三〇キロも離れた大都会にミサイルが飛んでくることになろうとは、一般市民の誰が予想し得たであろうか。

このニュースは、瞬く間に全世界を駆けめぐった。イスラエル社会がどれほどの衝撃を受けたか、この事実だけで十分推測できるであろう。ところがその一方で、同じイスラエル社会の片隅から、事態を黙して見守る人々がいた。人口の二割弱を占める、アラブ人市民である。シオニズムに基づいて建国されたユダヤ国家イスラエルに、アラブ人の市民もいることは、あまり知られていない。歴史的経緯については後述するが、彼らの大半はレバノン国境に接したガリラヤ地方の農村部に居住している。ミサイルの落ちたハイファにも、イスラエル国内の都市部でも有数のアラブ人居住区があり、これら農村部からの出稼ぎ者たちが集っている。ユダヤ人市民と隣り合うところで暮らし、職場など公の場所ではユダヤ人と接触してはいるものの、私的な交わりを持つことはほとんどない。同じ国の中にありながら、アラブ人たちはユダヤ人とはまったく別の社会を形成しているのである。

2　アラブ人女性、ウンム・イブラーヒームの反応

ミサイルが落ちたのは、ユダヤ人市民よりもむしろアラブ人市民の居住区に近い場所であったが、アラブ人たちの反応は思いのほか冷静であった。もちろん彼らとて恐怖を感じていたのであるが、イスラエルのメディアが報じるようなヒステリックな状態とは、ほど遠いしたたかさを見せたのである。

一四日の夜、筆者はすぐさまハイファの友人に電話をかけた。すると彼女、六六歳になるウンム・イブラーヒーム（アラビア語で「イブラーヒーム（アブラハム）の母」のこと。東アラブ地域では一般に、息子のいる既婚女性を本名ではなく、「（長男の名）の母」という尊称で呼ぶ。なお、ウンム・イブラーヒームは仮名）は、思っていたよりも明るい様子で、動揺する筆者を逆になだめるほどの余裕を持ち合わせていた。「心配しないで。人の住んでいるところには、何の被害も出ていないから。電話代がかかるから、毎日連絡をくれなくても大丈夫よ」。しかしそんな彼女も、数日後に二発目のミサイルが飛来し死傷者が出るに至って、さすがに苛立ちと恐怖を隠せなくなった。現場は繁華街の目抜き通りに面した郵便局で、アラブ人市民にもなじみの場所であった。

この日、電話口のウンム・イブラーヒームの声は、憔悴しきっていた。「みな、家の扉を閉ざして、中で息を殺しているわ。頭がおかしくなりそう」と、彼女はため息混じりに語った。現場近くに住むアラブ人たちは、カトリック修道院が経営する学校のシェルターに、いっせいに避難した。その中にはウンム・イブラーヒームの娘一家やその親族たちも含まれており、彼らは結局八月一四日の休戦まで、そ

の場所にとどまらざるを得なかった。

ところが戦闘が長引き、八月に入った頃には、ウンム・イブラーヒームの反応はすっかり落ち着いた、というよりは図太いものになっていた。彼女はのんきな声で、「ミサイル？　飛んでくるけれど、みんな海に落ちているわ。どうってことないわよ」と言い、再び筆者が払わねばならない電話代のことを心配し始めた。ヒズブッラーへの恨み言などはいっさいない。しかし、別にこれは彼女が人並みはずれて鈍感であるためでもなければ、ヒズブッラーに対して、特別の思い入れを抱いているからでもない。彼女の示した反応は、イスラエルのアラブ人市民の間ではごく普通の、ありふれたものなのである。

今回のレバノン危機で、イスラエルの一般市民からは四三名の犠牲者が出たが、そのうち二〇名はアラブ人であった（イスラエル外務省ホームページの「レバノンからのテロリズム」ページより＊）。中でも、一九日にガリラヤ地方中部の都市ナザレに落ちたミサイルのために、アラブ人の子ども二名が死亡し、ヒズブッラーが謝罪声明を出した事件は大きく報道された。ところが、彼らアラブ人市民はヒズブッラーを決して非難することはなく、それどころかイスラエルと戦い続けるその姿勢に共感しさえするのである。その具体例をいくつか紹介した上で、彼らのヒズブッラーに対する感情の背景にあるものを、分析してみたい。

＊イスラエル外務省の発表による。具体的なデータについては、次のＵＲＬを参照のこと。http://www.mfa.gov.il/MFA/Terrorism-+Obstacle+to+Peace/Terrorism+from+Lebanon-+Hizbullah/Israel-Hizbullah+conflict-+Victims+of+rocket+attacks+and+IDF+casualties+July-Aug+2006.htm

二　イスラエルのアラブ人市民からの、ヒズブッラーへのまなざし

1　「仕方がない」ミサイル攻撃

まずはレバノン国境にほど近い、アラブ人キリスト教徒の村ファッスータで、筆者が見聞きした事例を紹介したい。ここは先に登場した、ウンム・イブラーヒームの出身地であるが、二〇〇〇年の夏にヒズブッラーからのミサイル攻撃を受け、家屋が破壊されるという事件が起こったことがある（**写真1**）。家の持ち主と話をしたが、彼らは「外出していて、誰も怪我をしなかったのは幸運だった」と語り、ヒズブッラーに対する非難はいっさい口にしなかった。「同じアラブ人から、なぜあなたたちが攻撃されなければならないのですか？」という筆者の問いに対して、別の家主は苦笑を浮かべつつ、こう答えた。「だって、彼らにとっては国境からこっちは、イスラエルだもの。仕方ないでしょう？」（菅瀬二〇〇四、一四頁）。彼らにとってはヒズブッラーのミサイルよりも、村の上空を飛ぶイスラエル軍の飛行機のほうが、はるかに脅威であるかのようであった。破壊された家の隣に住む、八六歳になるウンム・イブラーヒームの老母は、飛行機の轟音が聞こえると心配そうに空を仰ぎ、神の加護を求める祈りの言葉を呟いていていた。

当事者たちばかりではない。筆者の知る限り、村民たちからはいっさい、ヒズブッラーを非難する声は聞かれなかった。それどころか、彼らは自分たちの住む国であるイスラエルよりも、ヒズブッラーにより親近感、さらには共感を抱いているようにすら見えるのである。たとえば、彼らが日常的に視聴

写真1　ファッスターに飛来した、ヒズブッラーのミサイル

するテレビ局の種類にも、そのことが如実に表れていた。村のほとんどの家庭にはテレビの衛星放送が導入され、人々はイスラエル国営放送よりも、常時アラビア語でニュースの流れるアラブ諸国のテレビ局を好んで視聴している＊。日本でもよく知られた「アル・ジャズィーラ」や隣国レバノンのキリスト教系放送局と並んで、彼らの人気を集めていたのが、ヒズブッラーのテレビ局である「アル・マナール」であった。理由を尋ねると、彼らは口々に、「イスラエルの国営放送よりも信用できるから」と答えた。レバノン危機でイスラエルとヒズブッラーが戦闘状態にあった間、村には戒厳令が敷かれていたが、このときも村民からヒズブッラーを非難する声は聞こえてこなかった。イスラエル軍の爆撃を受けるレバノンの惨状を、テレビの画面を通して同情を持って見守りつつ、いつ飛んでくるかもしれないヒズブッラーのミサイルを、「仕方のないもの」として受け容れる覚悟を固める、複雑怪奇きわまりない状況に、彼らは数週間身を置いていたのである。

＊イスラエルではヘブライ語のほかに、アラビア語も公用語に認定されている。このため、夕方のごく限られた時間帯ではあるが、アラビア語でニュースと子ども向けの娯楽番組が放映されている。衛星放送の普及以来、アラブ人市民がこの時間帯以外にイスラエル国営放送を視聴することは少なくなった。

先にも述べたように、ファッスータはガリラヤ地方でも珍しいキリスト教徒のみの村であり、最前線として常にヒズブッラーの標的となる危険性をはらんでいる場所である。そのようなところで、ヒズブッラーがこれほどの親近感を持って捉えられているということは、この現象が決して宗教宗派に左右されるものではないことの何よりの証左であろう。イスラエルのアラブ人市民が、イスラエルを脅かすヒズブッラーにどのような感情を抱いているのか、それを象徴的に示す事件はほかにもある。最も代表的なものが、次に述べるアズミー・ビシャーラ元国会議員の弾劾裁判事件であり、このビシャーラもまた、キリスト教徒であった。

2　ヒズブッラーを支持したアラブ人国会議員

ビシャーラは、共産主義の流れを汲むアラブ民族主義政党バラドの党首で、一九九六年に国会議員に初当選した。アラブ人議員として初めて首相選挙に名乗りを挙げたり（臼杵二〇〇一、四五－四六頁）、イスラエルの占領政策に公然と異議を唱えたりして、常々その言動が物議をかもしてきた人物でもある。

二〇〇〇年六月と二〇〇一年六月、公の場で「占領に対する抵抗の正当性」を訴え、具体的にヒズブッラーの名を挙げてその活動への共感を示したため、彼は議員罷免の弾劾裁判にかけられた。彼の言う占領とは、イスラエルが行っている広義の占領を意味している。つまり、ビシャーラの言う占領地にはヨルダン川西岸地区やガザ地区、ゴラン高原のみならず、二〇〇〇年五月までイスラエル軍が展開していたレバノン南部も含まれているのである。

審議は二〇〇六年まで続き、ビシャーラは無罪を勝ち取った。しかしながら、その後もヒズブッラーへの支持を表明し続けたため世論の非難にさらされ、最終的には二〇〇七年四月に議員辞職に追い込まれている。弾劾裁判にさいしては、アラブ人議員に対する差別、国会議員の政治的発言の許容範囲をめぐって数々の議論が巻き起こったが、ユダヤ人市民とアラブ人市民の見解は常に真っ向から対立していた。前者は「テロ組織・ヒズブッラーの友」ビシャーラへの厳しい処罰を望み、議員辞職は当然であるとした一方で、後者は全面的にビシャーラを支持し、裁判はアラブ人市民への差別、偏見の象徴であると非難した。

ビシャーラとは異なり、一般のアラブ人市民が公の場でヒズブッラーへの共感、支持を表明することはまずない。彼らはユダヤ国家であるイスラエル社会に生きるマイノリティであり、ユダヤ人社会を脅かすような発言は自らの益にならないと、常に意識している。しかしながら、ビシャーラを支持するということは、彼の言動を肯定することでもある。ビシャーラ弾劾裁判は、ユダヤ人市民とアラブ人市民の間に横たわる深く埋め難い溝を改めて認識させ、ヒズブッラーに関する見解の相違は、互いへの不信感を募らせることとなった。

三　なぜ、ヒズブッラーに共感するのか？

3　マイノリティであるがゆえの苦難

イスラエル市民でありながら、なぜアラブ人市民がヒズブッラーに共感し、ときには支持を表明しさえするのか。その疑問を解く鍵は、ユダヤ国家イスラエルに民族的・宗教的マイノリティとして生きる、彼らのエスニシティのあり方にある。

今日、イスラエルの人口は約七一一万人、そのうち約一四〇万人がアラブ人市民である。今でこそアラブ人市民はイスラエルのマイノリティであるが、イスラエルが建国される以前、この地がイギリスの委任統治領パレスチナであった頃、彼らはマジョリティであった。この地の人口構成が変化したのは、言うまでもなくイスラエル建国以降のことである。委任統治時代、ヨーロッパ各地からシオニズムを掲げてパレスチナに入植するユダヤ人入植者は、自衛のため自警団を組織するが、やがてユダヤ人国家創設のため、土地の獲得を重視する修正主義シオニズムを唱える者たちはここから分裂し、新たにより強力な武装組織を結成する。このユダヤ人武装組織＊の手によって、イスラエルは建国された。委任統治時代末期、彼らはパレスチナ全土を制圧する過程でおびただしい破壊行為に及んだため、住みかを追われたアラブ人たちは、レバノンをはじめとする周辺アラブ諸国、あるいはパレスチナ内の別の場所に逃れ、ディアスポラ状態となった。このうち、一九四九年の停戦ラインのイスラエル側にとどまった人々とその子孫が、今日のアラブ人市民である。彼らはイスラエル基本法によって市民権を与えられ、建前上ユダヤ人と同等に遇されることとなった。

＊その代表的存在であるハガナーは、委任統治下の一九二〇年、ユダヤ人入植地の自警組織として誕生し、後にイギリスによって軍事教練をほどこされた。ダヴィッド・ベン・グリオンやメナヘム・ベギン、イツハク・ラビンら、イスラエルの歴代首相の多くは、このハガナーの活動家であった。

ただし実際のところ、彼らの扱いは同等とはほど遠い。建国当初、ガリラヤ地方には治安上の理由から軍政（一九四九－六六年）が敷かれ、アラブ人市民は移動の自由を著しく制限された上、地方行政には政府の介入を受けるなど（Al-Haj & Rosenfeld 1990, p.59）、息苦しい生活を余儀なくされた。また、これも治安上の理由から、アラブ人市民には国民の義務である兵役が課されていないが＊、その代償として就職や社会保障の面において、ユダヤ人市民よりも冷遇されている。このため、最近では将来のよりよい生活のために自ら兵役に就く若者も増えつつあるが、彼らの求める「よりよい生活」が、兵役満了後に必ずしも約束されるという保証はない。

＊ただし、「ベドウィン」と「ドルーズ」については、この限りではない。ベドウィンは遊牧民、ドルーズはシーア派イスラームから分派した独自の宗教とその信徒を指すが、イスラエルではアラブ人市民の中にあって、別個のエスニシ

ティであると見なされている。

このような厳しい状況下で暮らしているため、国家としてのイスラエルに対して、アラブ人市民たちは常に疎外感を感じている。一方、ユダヤ人市民からすれば、アラブ人市民はアラブ人であるがゆえに油断のならない隣人であり、国防の義務を果たさぬ「市民失格者」である。イスラエル建国以前から、ユダヤ人の間ではアラブ人を別の場所、たとえばヨルダンなどに移してしまおうという「移送論」が存在し、この考え方はいまだに根強い。事実、最近「イスラエル民主主義協会」なる団体が行った世論調査*では、「イスラエル国民」の実に六二パーセントがアラブ人市民の国外移住を望んでいるという。二〇〇〇年九月に、占領地パレスチナで反イスラエル民衆蜂起（インティファーダ）が再燃して以来、イスラエル国内で反アラブ人感情が高まっているのもまた事実である。

* http://electronicintifada.net/cgi-bin/artman/exec/view.cgi/12/4702 を参照のこと。ただし、この世論調査では、「イスラエル国民」が誰を指すのかは不明である。

また、イスラエルで近年急激に発言力を増している「新移民」*の存在も、この傾向に拍車をかけている。新移民とは、イスラエル政府がユダヤ人市民の数量的優位を保つため、旧ソ連圏から積極的に受け容れている移民の総称であり、彼らはイスラエル移住後もロシア語を母語として使い続け、独自の政党を持っている。そのうちの一つ、「イスラエル・ベイタヌゥ**」（ヘブライ語で「われらが家イスラエル」の意で、現在連立与党の一角をなす）の党首アヴィドール・リーバーマンは過激なアラブ人排斥論者として知られ、公の場で繰り返し移送論を訴えている。前述のアズミー・ビシャーラについても、「処刑すべき」という極端な言葉を使って非難している＊＊＊。

＊ハイファとその近郊には、数多くの新移民が暮らしている。このため、近年ハイファの繁華街にはロシア語書籍・ビデオの専門店が急増し、市場にもウォッカやサーモン、ロシア産の煙草など、彼らの好む品が並ぶようになった。イスラエル生まれのユダヤ人市民の間では、ヘブライ語になじもうとしない新移民の態度に対する批判も多く聞かれる。

＊＊一九九九年結党。創立者は現党首のリーバーマンである。二〇〇六年の第一七期イスラエル国会議員選挙では、一一名の議員を国会に送り出し、連立与党の一角をなす存在にまでなった。

＊＊＊ http://electronicintifada.net/cgi-bin/artman/exec/view.cgi/12/4703 を参照のこと。

新移民たちの間に見られる反アラブ人感情の背景には、彼ら自身の苦境も透けて見える。国策として受け容れられた彼らは、シオニズムの申し子として歓迎されているようにも見えるが、現実はそう甘くはない。故国での肩書きが一切通用しない彼らは、低賃金労働者にならざるを得ず、やはり低賃金労働者であるアラブ人は、彼らのライバルなのである。新移民もまた、イスラエルの政策に翻弄される被害者と言えるであろう。

2　境界線上のエスニシティ

アラブ人市民からすれば、移送論は乱暴きわまりない極論であることは言うまでもない。彼らはイスラエル建国以前からパレスチナに住んでいたのであり、一九四九年の時点で偶然そこにいたために、市民権を与えられることとなった。つまり、イスラエル市民という肩書きは、彼らにとってお仕着せのものにほかならない。建国直後に軍政が敷かれ、周辺アラブ諸国との国境が閉ざされたガリラヤ地方という檻《おり》に閉じこめられて、彼らにはその場で暮らすよりほかに選択肢はなかった。六〇年という歳月の中で、彼らはイスラエルとパレスチナの境界線上に立ち続け、両者にまたがりつつ揺れ動くという、ひとことでは表現しきれぬ特異な性格を持つエスニシティを培うに至った。それがどのようなものであるか、実例を示すと以下のようになる。

彼らは自らを、「『イスラエルに住む』アラブ人」と表現し、「イスラエル人」であるとは決して言わない。彼らにとって、イスラエル人とはシオニズムを掲げてパレスチナに移住してきた、ヨーロッパ出身のユダヤ人を意味するからである。しかし、ユダヤ国家イスラエルでアラブ人と名乗るのは、非ユダヤ人（＝ムスリム、キリスト教徒など）であると表明することと同義であり、自動的にユダヤ人中心のイスラエル社会からははじき出されることとなる。アラブ人市民たちは「イスラエルに住む」と表現することで、市民権を持っていることを主張しているのである。その一方で、ひとたび占領地でイスラエル軍と民衆の衝突が起これば、彼らは自分たちも「パレスチナ人」であると訴え、占領地への連帯感をこぞって示す（菅瀬二〇〇三）。占領地のみではなく、イスラエル建国以前のパレスチナこそが真のパレスチナであるべきで、占領地の外にいる自分たちにもパレスチナ人としての権利があると考えているのである。

ただし、彼らは常に、パレスチナ人としてのエスニシティを掲げて生きているわけではない。日が経ち、占領地での衝突が沈静化すれば、彼らは口を閉ざしてイスラエル社会の中に埋没する。また、現実に占領地と連帯することの困難さも、彼らは承知している。六〇年にわたる分断は、占領地のパレスチナ人とイスラエルのアラブ人市民たちの文化的背景を、大きく異なるものに変えてしまった。両者の隔たりについて、一時期占領地に住んだことのあるファッスータ出身の文学者アントーン・シャンマースは、こう語っている。「ここ（占領地を指す）は自分の住むところじゃないっていう感じだけだ。ぼくの経験的事実に基づいた、精神的・知的地図とは縁がなかったんだ。ぼくは理性にせよ想像力にせよ感情にせよ、別の基準に従って動いている」（グロスマン 一九九七、三五七頁）。イスラエル市民でありながら彼らは歓迎されず、パレスチナへの帰属意識を感じながらも、それを表明することにためらいを覚えている。彼らのエスニシティは、イスラエルとパレスチナのはざまで常に揺れ動き、なおかつ双方から拒絶されるという、引き裂かれた状態にあるのである。

3　レバノンへの憧憬

引き裂かれたエスニシティの隙間を埋めるために、彼らはイスラエルやパレスチナという次元を飛び越えた、さまざまな帰属意識を主張する。代表的なものが宗教宗派へのそれであるが、実はヒズブッラーに対して彼らが示している、一見不可解な共感もその一つではなかろうか。ヒズブッラーをシーア派の武装組織ではなく、レバノン南部に侵入したイスラエル軍と戦う武装組織であると考えれば、その陰にあるものがおのずと見えてくる。それは、彼らのルーツに深く関わる、レバノンへの憧憬である。

歴史的に見ると、彼らの大多数が暮らしているガリラヤ地方は、ヨルダン川西岸などの占領地パレスチナよりは、北方のレバノンとシリア、なかでもレバノンとの関わりが深い。第一次世界大戦後、パレスチナがイギリスの委任統治下に入る前、この地はオスマン帝国の統治下にあったが、今日のシリア南半分、レバノン（一部山間部を除く）、ヨルダン、そしてパレスチナは、当時はダマスクスを中心とした一つの行政州であり、人々は領域内で活発に往来を繰り返していた。ガリラヤ地方に住む人々のルーツは、ヨーロッパ列強によって人為的につくられた現在の国境など、軽く飛び越えているのである。

たとえばファッスータの村民たちのほとんどは、先祖の源をレバノンとシリアに発している。一八世紀前半、所属する宗派が東方正教会からカトリックとして分離したのが、彼らが所属する宗派ギリシャ・カトリック（メルキト派）であるが、オスマン帝国からの公認がすぐには得られず、東方正教会信徒との対立が激化したため、彼らを優遇する地方政権下のガリラヤ地方に大挙して移住したのである。このため、村民たちは今日もその記憶を語り継ぎ、レバノンとシリア、とりわけレバノンへの帰属意識を保っている。シリアよりもレバノンに彼らが執着するのは、キリスト教徒の比率が高いことのほかに、レバノン出自の者が圧倒的に多く、また「中東のパリ」と呼ばれた大都会ベイルートへの憧れがあるためであろう。事実、ファッスータの人々が思い描く都会イメージとは、今日もなおベイルートであり、決してテルアビブでもなければエルサレム新市街でもない。それらはイスラエルという、ヨーロッパから来たよそ者がつくった遠い存在であり、彼らの都ではないのである。その一方でもちろん、彼らはイスラくエル市民として、イスラエルへの帰属意識も持っている。ただし、これはイスラエルという国家ではなく、現在偶然イスラエルに属しているガリラヤ地方への帰属意識と表現したほうが、妥当かもしれない。

二〇〇六年夏のレバノン危機は、一九八二年にイスラエル軍がベイルートまで攻め上がったレバノン戦争の延長線上に位置している。イスラエルのアラブ人市民にとって、このレバノン戦争が契機となって組織されたヒズブッラーは、「侵入してきたよそ者」であるイスラエルから、父祖の故郷であるレバノンを守ろうとする存在であり、宗教宗派の違いを超えてエールを送るべき存在と映るのである。レバノンによすがを見いだし、ヒズブッラーに共感を寄せることは、彼らにとってごく自然なことと言える。そのヒズブッラーからミサイルを撃ち込まれても、「仕方のないこと」と諦念を持って受け容れてしまうところに、多元的な広がりを持ちつつも、引き裂かれたエスニシティの持ち主である彼らの哀しさとしたたかさがあるのである。

参考文献

臼杵陽（二〇〇一）、「宙づりにされた人々―イスラエルのアラブ」稲賀繁美編『異文化理解の倫理にむけて』名古屋大学出版会。

D・グロスマン著、千本健一郎訳（一九九七）、『ユダヤ国家のパレスチナ人』晶文社。

菅瀬晶子（二〇〇三）、「出口のない環の中で―アル・アクサ・インティファーダの余波とイスラエル・アラブ社会」『地域研究論集』Vol. 5, No. 2.

同（二〇〇四）、パンとミサイル―イスラエル北部のアラブ人キリスト教徒村にて」『月刊みんぱく』四月号。

Al-Haj, Majid & Rosenfeld Henry (1990), *Arab Local Government in Israel*, Boulder: Westview Press.

第10章　アメリカの対外介入

——歴史的概観

古矢　旬

一　アメリカと世界

近年、地域研究としての「アメリカ研究」あるいは「アメリカ史研究」は、大きな曲がり角に立っている。そしてこの事態は、ひとり日本のアメリカ研究に限られたものではない。世界各地、各国のアメリカ研究、ひいてはアメリカ合衆国（以下では混乱のおそれがない限り、便宜的に「アメリカ」もしくは「合衆国」と略記する）における自国研究、自国史研究も、共通に一つの転換期にさしかかっていると言ってよい。

もとより、アメリカ（史）研究にとってこれが最初の大きな曲がり角というわけではない。むしろ、一九世紀初頭のウィッグ史学、一九世紀末に出現した革新主義史学、帝国主義史学、二〇世紀中葉のコンセンサス史学、六〇年代以降の新左翼史学、新社会史学、そして八〇年代隆盛を見た共和主義史学へと、アメリカが自国の過去と現状を見る視角と方法は、いくつもの大きな転換期を乗り越え、不断に変容を遂げてきたと言うべきであろう。そこには、アメリカ研究が、学問研究としての自律性と完結性を求めながら、にもかかわらず国の内外の巨大な社会変動に伴う基軸的価値観の変容に対応しつつ成し遂げてきた自己変革の跡をうかがうことができよう。

この変化の過程で、アメリカ研究は、そのつどアメリカ社会全体を方向づけると思われる基底的な価値を選び出し、それに光を当てることによって、アメリカ社会の基本的編成と動向を見定めるよう試みてきたのである。そうした諸価値こそは、あるいは啓蒙であり、進歩であり、民主主義であり、自由であり、また社会的合意と政治的安定であり、また一転して革命的伝統であり、市民的諸権利であり、さらにはシヴィック・ヒューマニズム等々であった。

それでは現在のアメリカ研究は、いかなる社会現象に対応し、そこからいかなる価値を選び出し、それに沿っていかに新しい研究方向を模索しているのであろうか。おそらく今、既存のアメリカ研究(のみならず広く社会科学一般)に、大々的な自己変革を促している最重要な要因の一つが、冷戦後に急激な進展を見たグローバル化という現象であることを否定するものはいないであろう。言うまでもなく、この現象の最も積極的な推進主体が合衆国である。そしてこの国がひたすら追求する「世界性」、そしてその追求の過程における対外介入の態様と意義を解明するという課題こそは、現在のアメリカ研究をかつてない地平に導きつつあると言ってよい。

しかし、はたして「世界性」は「アメリカ」にとっても「アメリカ研究」にとっても、新しい課題であると言えるのであろうか。植民地時代のピューリタンにとって、世界とは自らが建設しつつある理想的キリスト教共同体の模範を示すことによって善導すべき旧く腐敗した現実にほかならなかったのではないか。一九世紀のアメリカ人にとって、アメリカは、カトリシズムと反動的専制の支配下にある(旧)世界から孤立して、共和主義に立脚する新しい自由な(新)世界の建設に従事していたのではなかったか。二〇世紀のアメリカもまた、専制と全体主義から「世界」を救い出すべく海外の戦いに赴いたのではなかったか。このように見るならば、アメリカにとって「世界」とは、これまでも常に自らの外側にあり、自らの存在と行動によって改善を図るべき「課題」であり続けてきたと言える。この「世界」観によるならば、アメリカ自身は「世界」には含まれておらず、むしろ諸問題、諸困難に翻弄される世界の外側にあり、他にはない例外的な理想と力をもって世界的問題を解決しうる救世主的主体としてイメージされることになる。

そこで以下本章では、こうしたアメリカの世界との関わりを、特にアメリカの対外介入の歴史的パターンや特徴の概観を通して理解することを試みてみよう。従来、アメリカの対外関係は、孤立主義(isolationism)と国際主義(internationalism)とを両極とするサイクルとして描かれがちであった。そこにおいて、対外的関与は、ともすれば国際主義の現れと見なされることが多かった。しかし、歴史をふりかえるならば、アメリカの国民社会が、国際社会の動向に背を向け無関心であった時代、したがって対外政策が孤立主義を根本指針としていたような時代であっても、対外的な軍事介入がなかったわけではない。たとえば孤立的傾向が強かったと言われる一九世紀、米西戦争までの間に合衆国は約九〇回にのぼる対外的軍事行動を行っている。要するにアメリカ史をふりかえるならば、介入主義(interventionism)は、決して国際主義と同じでも、国際主義の従属現象でもなかったことが見てとれる。アメリカの歴史を、もう一度「介入」という視点から読み直すことが、現在アメリカが達成すべき課題として掲げる「世界性」を理解する一助となると思われるゆえんである。

二　アメリカの二面性

はじめに、現代アメリカの対外介入の特色をごく大づかみに見てみよう。それについては、従来しばしば以下のような諸点が指摘されてきている。すなわち、①介入の目標が、きわめてイデオロギー的に、したがって個別具体的というよりは包括的全面的に設定されがちであること、②他の民族国家や、国民国家に対するアメリカの道義的な優位性が自明の前提とされる傾向が強いこと、しかし③現実の介入は、アメリカの圧倒的な軍事、経済的な優越を背景として行われることである。冷戦終結以後、とりわけいわゆる「九・一一事件」以後、顕著となったとされるこうした三つの特色は、アメリカが現代世界において通常の一国家や一地域をはるかに超えるような人類史的、文明史的な重大性を帯びた国家として、世界を支配する「帝国」として立ち現れていることを物語っている。それではなぜ、いかにしてこうした介入的な「帝国」が、アメリカという一国の歴史的展開の中から生まれてきたのであろうか。

そこでまず思い起こすべきは、アメリカは決して建国当初から、今のような普遍性を帯びた「介入国家」であったわけではないという事実であろう。たしかに、アメリカ合衆国は、その成立の由来からして、ヨーロッパによるアメリカ大陸侵略の先兵と見なされがちであったし、実際、合衆国の成立に先立ち、アメリカに移住したヨーロッパ人とその子孫たちは、大量の先住民をディアスポラと死に追いやっている。その意味で、アメリカはジェノサイドの歴史の上に築かれた国家である。またたしかに、初期アメリカの経済発展が、ヨーロッパ人のアフリカ侵略によってもたらされたアフリカ人奴隷に多くを負っていることも否定しがたい。

しかし、初期アメリカ国家の存立基盤を形成したこれらの「介入」は、そのままに現代のアメリカの介入へと引き継がれているわけでもまたない。その点を理解するためには、まずアメリカ建国当時の国際システムがすでにはらんでいた二重の性格に言及する必要がある。第一にそこには、その時代すでに国民国家として確立されていた独立国家間の平等性という原則が存在していた。それらヨーロッパに集中的に現れた諸国家は、イデオロギー的基盤も、支配的宗教も、王朝の由来も、政体も異にしながら、そうした各国の国内的事情を抜きにして、主権国家として相互に対等であると見なす国際システム（ウエストファリア体制）を形成していた。

しかし、この平等主義的な国際システムは、その外側にヨーロッパによって差別的に取り扱われ支配されて当然と目された民族や地域を付随させていた。そこにおいて、それらの劣位に立つ地域や民族に対しては、ヨーロッパの諸国は文明史的な優越意識をもって接し、これを侵略し、支配することが許され、むしろ義務とすら見なす価値観が疑われることなく定着していた。ヨーロッパを中心とする近代の国際社会は、こうして今日ではよく知られているこの二つの側面――先進世界における主権国家間の対等性とそれ以外の世界の従属・被支配――を含んで形成されたのである。

この国際社会において新興国家アメリカが占めた位置は、中間的でありかつ曖昧さを含んでいた。アメリカはまさにヨーロッパによる他地域・他民族侵略の先兵たる植民者の国家でありながら、同時に弱小な未開発国として出発した。この初発の事実に由来する国際認識および自国認識こそは、アメリカ介入論の原型を形成したと言えよう。すなわちヨーロッパの先兵としてアメリカ人の多くは、アメリカ先住民やアフリカ人奴隷に対する優越意識をヨーロッパ人同胞と当然に共有するがゆえに、これら劣等視された人や社会に対する介入や侵略や支配を何ら罪責感を覚えることもなく遂行し得たと思われる。その反面、途上国としてのアメリカは、自らがヨーロッパの介入、侵略、支配の対象とされることを極度に恐れていた。ヨーロッパ固有の権力政治に基づく弱肉強食的な国際関係を知り、そこにおける自らの弱小性、後発性を自覚していたがゆえに、建国後のアメリカの政治経済的な対外活動はヨーロッパと関わる限りでは、防御的性格を露呈せざるを得なかったのである。

その点を最もよく示す歴史的文書は、言うまでもなくモンロー・ドクトリン（一八二三年）であった。その文言の背後に、ヨーロッパ列強の介入に対する当時の新興国アメリカの恐怖と守勢的態度とをうかがうことは難しくない。アメリカに対するヨーロッパの「非介入」の約束を、ヨーロッパに対するアメリカの「非介入」の約束を交換条件として取りつけようと試みたモンロー大統領が、その提案の支えとして提起したのが、いわば「体制異質論」であった。その論理によるならば、アメリカは、ヨーロッパ諸列強のような君主制やカトリシズムにむしばまれて腐敗した侵略的な国家ではなく、そこから自由な共和制国家、人類の未来を担う新しい希望の国家である。換言するならば、このように異質な体制に立脚するアメリカは、ヨーロッパ史における例外的国家にほかならない。北米大陸、さらには広く新興の「姉妹共和国」を含む西半球はアメリカにとって自らの勢力範囲と見なされた。アメリカ自体は、ここを主舞台にヨーロッパ型の領土拡張、先住民社会への侵略、帝国主義的な他民族支配を続けながら、同時にヨーロッパの他列強の介入が自国に及びそうな危機に際しては、原理的な体制異質論を掲げて介入の動きを牽制した。一九世紀アメリカの「介入論」の原型がこうして形成されたのであった。

三　アメリカの「帝国」化

　こうしたいわば一九世紀型の介入論は、その世紀末に大きく転換してゆく。というのは、この介入論の背景をなすアメリカの対ヨーロッパ認識、それとの関係における自己認識が急速な変容を見たためであった。南北戦争後の産業社会の急速な勃興を経て、世紀転換期には、アメリカは最大の先進資本主義国として国際舞台に立ち現れた。その結果、従来のアメリカの介入論のうちから、強国により自らが介入を受けるのではないかという、いわば「弱国意識」に根ざす恐れが、消え去ってゆくことになる。それとちょうど裏腹に、アメリカは一大産業国家としての自意識から、海外市場に目を向け、自らが国際的介入を行ってゆく可能性を模索し始めるのである。

　その場合の事情は、かつての先住民社会への侵略やアフリカ人支配が、アメリカ例外論と自らの弱国意識とにさえぎられて、他の民族社会への暴力的介入として自覚されることが稀であったのとは大きく異なっている。米西戦争をきっかけとする中南米地域、およびフィリピンをはじめとするアジア地域へのアメリカの大々的進出は、強国による弱小民族への隠蔽しようもない明白な介入であったからである。この新しい局面にあたり、アメリカは自らが弱小であったときには必要ではなかった新たな介入正当化論を国の内外に明らかにする必要に迫られたのである。

　その新しい介入論は、基本的にはかつて一旦は批判したヨーロッパの文明観・世界観を改めて継受しながら、それにアメリカ例外論を加味して形成されていった。かつてはヨーロッパ列強からの権力政治的介入を恐れたアメリカは、今や自らも介入の主体としての立場を内外に向かって正当化するために、世界との関わりを再検討し、そこにおける自らの歴史的役割を再規定することになる。

建国以来一貫して、ヨーロッパ列強の帝国主義、植民地主義に批判的であり続けてきたアメリカが、それらと同列に立って、自らも経済的、地政学的な国益に基づき対外介入を正当に展開するためには、従来の防御的な「体制異質論」に修正を加える必要があった。たとえば、セオドア・ローズヴェルト大統領は、モンロー・ドクトリンの体制異質論を、単に防衛の論理としてだけではなく、アメリカの勢力圏と目されたカリブ海域、中米諸国への介入や侵略を正当化する論理へと変質させた。すなわち、合衆国と同様の体制下にあるべきこれらの地域において、他国の介入などをきっかけとして秩序の潰乱や内戦が起こった場合、合衆国は「警察権」をもって介入する権利を持つとした「モンロー・ドクトリン系論」である。彼に続くウィリアム・タフトやウッドロウ・ウィルソンらの大統領もまた、ヨーロッパや新興帝国日本と同様に（とりわけアジアと中米地域において）資源開発や鉄道敷設や商品市場にまつわるさまざまな国際的な利権や投資機会の追求に熱意を燃やした。その一方で彼らもまた、ことあるごとにそうしたアメリカの対外介入が「普通の帝国主義国家」によるそれとは異質であり、他地域ひいては世界大にアメリカが民主主義や自由を拡張することをその主目的としていることを強調した。こうして第一次世界大戦前に、ヨーロッパ型の帝国主義的対外政策をアメリカ的理念で包み込んだ二〇世紀アメリカに独自の介入正当化論が成立したのである。

ただし、ここで付け加えておくべきは、第二次世界大戦以前のアメリカは、基本的には自国の帝国化

(それはすなわち「ヨーロッパ化」であり、旧来のアメリカ例外論の否定を意味する) については、きわめて慎重にふるまったことである。少なくともアメリカは (フィリピンやカリブ・中米の若干の事例を除けば)、ヨーロッパ列強のように世界各地に公式の植民地を持つことには積極的ではなかった。公式帝国とはならなかったアメリカの対外介入が、いちじるしく活発化するのも冷戦期になってからのことである。

四　冷戦期の対外介入

それでは、「非公式帝国」としての二〇世紀アメリカの対外介入はいかなる特徴を持っていたのであろうか。世紀転換期以後いちじるしく活発化したその一連の対外的武力介入を通して見るとき、そこに一つの明白な傾向を認めることができる。すなわち、二〇世紀アメリカの対外介入のうち、連邦憲法に明示された議会による宣戦権を通して公式の戦争を行ったり、あるいは行政府の長である大統領が軍事行動の目的を議会に諮ってその承認を得た上で武力行使したりというケース、つまり国内法に従った明示的 (overt) な軍事行動の事例が、驚くほど少ないことである。実際の軍事的介入行動の大多数は、とりわけ冷戦期がそうであったように、中央情報局ＣＩＡのような情報組織による秘密行動 (covert or clandestine action) として展開されたのであった。そのこと自体に、二〇世紀アメリカの対外行動が、先の介入正当化論の理想主義的装いにもかかわらず、実際には国の内外に向かって公にし得ないような目的と方法に従っていたことが暗示されている。

外交史家ジョン・ギャディスが、かつてこの冷戦期を「長い平和」と性格づけたことは、よく知られている。しかし、はたして冷戦下の半世紀、世界はそれほど平和であったろうか。この間、大国間の核戦争という悪夢こそは免れたものの冷戦の最前線とも目すべき第三世界において人類社会が頻繁に恐るべき規模の国際戦争、内戦、それらに起因するジェノサイド的な大量殺戮を経験してきたことは、戦後世界史の年表を一瞥すれば明らかであろう。それらの紛争がもたらした死者は、朝鮮、ベトナム、カンボジア、ナイジェリア、バングラデシュなどの事例では、それぞれ一〇〇万から二〇〇万人に達し、それら以外の国々も含め世界全体では総計約二〇〇〇万人に達したと推定される。これらの数字は、冷戦期の地域紛争が単なる軍事紛争にとどまらず国民的、民族的共同社会を丸ごと巻き込み、いかに多数の一般住民を死に至らしめたかをも端的に物語っている。「長い平和」が虚妄であることはこれらの数字からも明白であろう。

こうした無辜のシヴィリアンの大量死こそは、しばしば内戦の様相を呈した冷戦期の紛争の目立った特徴であろうが、アメリカはそうした冷戦型の地域紛争の多くに、陰に陽に介入してきた。そのアメリカの側に立って、もし冷戦を「長い平和」と呼んで済ませるとするならば、世界大の「人間の安全保障」にとってきわめて憂慮すべきこの時代総体を、米ソ対立の局面だけに還元してすましてしまう結果となるであろう。しかし、このように冷戦を大国間対立の構図へと単純化する点において、「長い平和」論は、冷戦終了後のアメリカを覆った「勝利」言説と相通ずる。「長い平和」論も「冷戦勝利言説」もともに二〇世紀アメリカの「世界観」に根ざした時代認識なのである。

冷戦期アメリカの対外介入は、ほとんどの場合東西の（あるいは米ソの）「陣営」間対立に言及することによって正当化された。アメリカは独自の国益を持つ孤立した国家として介入するよりは、可能な場合は国際連合の名称を用いることによって、またそれが不可能な場合は、「有志連合」や「多国籍軍」によって編成される「陣営」概念を動員することによって、自らの介入に国際的、多元的な外貌を持たせることが少なくなかったと言えよう。

しかし、こうした冷戦型の「国際主義的」介入には、いくつかの国内的制約条件があった。その一つはアメリカ外交に伝統的な孤立主義感情がもたらす介入消極論であり、伝統的な体制異質論に起因する同盟忌避論、単独主義志向である。しかし、そのような漠然とした伝統的感情以上に重大な限界は、介入がはらむ人的、経済的な現実的コストにあった。多数のアメリカ兵士の犠牲を伴った大きな武力紛争の直後には、厭戦気分から孤立感情が広がる傾向があった。海を越えての大規模な軍事介入は、圧倒的な経済力を誇ったアメリカにしてなお負担困難なコストを伴った。冷戦期の国際的介入の目的は、具体的にある時点、ある地域に起こった突発的危機に個別に対応することに限られたわけではない。現実には、長大な「封じ込め」ラインに沿った地域や広大な第三世界において、いつどこで起こるかが予測もつかない将来の危急に備える目的からも平時の、もしくは準戦時の国際的な軍の展開が必要とされた。

実際アメリカは、一九五〇年の国家安全保障会議文書68（NSC−68）によって、ソ連封じ込めのための長期的な軍事的関与を選択している。その結果、戦後一九九〇年に至る冷戦期を通して、アメリカの対外軍事援助の総額は一三三六億ドルの巨額にのぼった。むろんこれは、目に見える予算の範囲だけに限った数字であり、実際にはこのほかに、ＣＩＡなどの情報機関による秘密のオペレーションなどに充当されるいわゆる「黒い予算」がどのくらいあったかは、不明である。さらにこうした軍事援助に加えて、同じ期間にアメリカは世界に対して、（公的統計に表れた分だけで）二〇八三億ドルにのぼる経済援助を供与している。こうしたいわば平時の援助の形をとった介入の結果、アメリカは一九八九年、冷戦が終わった時点で、海外に三七五の軍事施設、五〇万の兵員を配置していた。こうした世界大の恒常的な軍事的プレゼンスを維持するための巨大な財政負担は、アメリカ経済と世界資本主義経済を圧迫する大きな要因となった。

国家安全保障を目的とするこのように過大な支出にもかかわらず、米ソ間の核戦争は人類共滅の危険を伴うがゆえに、現実には戦い得ぬ戦争にとどまった。その代わりに、各地で米ソの各地域の国家間、さらには各国内の対立勢力間による代理的な小規模紛争が頻発することになった。大きな戦争は戦い得ないという制約条件によって、アメリカは多くの地域において親米政権の樹立による秩序維持を目的とした隠密作戦や秘密行動に手を染めることになった。米ソ対立の大枠の下で、小さな介入と紛争が頻発し、ときとしてそれらは長期化していったのである。

一九四八年の国家安全保障文書10の2は、秘密作戦を次のように定義している。すなわち、それはプロパガンダ、経済戦争、サボタージュなどに対する予防的直接行動、地下抵抗運動、ゲリラ、亡命解放集団への援助を通して行う敵対国家に対する破壊活動とされ、その具体的目的は、自由世界にありながら危機に瀕している国々の土着の反共主義者たちへの支援と規定されていた。この戦後初期に国家安全保障委員会が提示した規定に従って、その後アメリカは、今日に至るもなお実態の明らかでない非常に多くの数の介入作戦を展開してきたのである。

次頁に挙げた**表1**は、建国以来アメリカが行ってきた主たる対外軍事介入のリストである。そこには二〇世紀以降の対外介入の活発化の跡をうかがうことができようが、これでも実際に行われた秘密活動等の全体像に照らすならば氷山の一角に過ぎない。このほかに第二次世界大戦後だけでも、ＣＩＡやほかの陸軍の情報機関などが展開した秘密作戦は、精確な数は把握困難であるにしても、全体で五〇〇は超えるだろうと推定される。そのような、無数のただし不可視的な限定的小規模介入が、ベトナムのように事態の推移とともに大紛争にエスカレートする危険性は常にあったと言えよう。

友好国の政情不安に対し、小規模の軍事顧問団の派遣などから始まり、やがてＣＩＡが巻き込まれ、次いで事態のさらなる紛糾化と拡大を避けるために海兵隊や軍が導入され、その派遣規模が拡大され、それとともに戦場も広域化して戦禍が周辺国に及んでゆくという典型的な「泥沼化」の過程を、アメリカはベトナムにおいて経験した。この悲劇的な経験から、その後のアメリカの対外介入戦略は、何よりもその長期化をいかに回避するかを要諦とすることとなった。何よりもアメリカ人兵士の犠牲を可能な限り防ぎ、長期化に伴う経済的負担を抑制することが求められるようになったのである。

冷戦の終焉と踵《きびす》を接するかのようにして戦われた「(第一次) 湾岸戦争」は、まさにそのような目的を強く意識して行われた新しい型の介入であった。当時のブッシュ (父) 大統領は、多国籍軍を糾合し電撃的な軍事的勝利をおさめるとほぼ同時に撤退を敢行した。それは、二〇世紀アメリカが戦ってきた大

表1　合衆国の海外軍事遠征　1798–2002

	件数	代表的事例——介入理由
1798-1800	1	宣戦なき対仏海戦
1801-1810	4	トリポリ——トリポリ戦争 (1801-1805)
1811-1820	13	カリブ海域——海賊取締
1821-1830	8	キューバ——海賊討伐
1831-1840	7	フィジー島——アメリカ人探検家を襲った先住民討伐
1841-1850	8	中国——広東の交易所攻撃に続き
1851-1860	22	ニカラグア——ウィリアム・ウォーカーの政権樹立に反対して
1861-1870	13	日本——国益擁護のため数回
1871-1880	5	コロンビア——パナマをめぐる権益擁護のため
1881-1890	7	ハワイ——権益擁護のため
1891-1900	18	フィリピン島——国益を擁護、占領のため
1901-1910	16	コロンビア、パナマ、ドミニカ共和国、ホンジュラス、ニカラグア——政情不安からアメリカの国益を擁護するため
1911-1920	29	ホンジュラス、中国、トルコ、メキシコ——国益擁護のため
1921-1930	15	パナマ、コスタリカ——国境紛争に起因する戦争予防のため
1931-1940	7	ハイチ——慢性的反乱を防止するための長期的駐留の一環として
1941-1950	13	トリエステ——ユーゴによる航空機撃墜後、空軍強化のため
1951-1960	6	朝鮮戦争；レバノン——内乱勃発に備えて
1961-1970	8	ベトナム戦争；コンゴ——内乱中コンゴ政府軍兵士の輸送
1971-1980	11	レバノン——戦闘中の市民の避難；イラン人質救出作戦
1981-1990	23	リビア——米航空機撃墜、対テロ懲罰；グレナダ——法と秩序回復
1991-2000	29	湾岸戦争；ソマリア——食料輸送；ハイチ——軍の排除；ボスニア——平和維持；ユーゴスラヴィア——コソヴォ救援
2001-2006	8	アフガニスタン、ハイチ、イラク、コソヴォ、マケドニア、パキスタン、フィリピン、イエメン

出典：Stanley, Harold W. & Niemi, Richard G., *Vital Statistics on American Politics, 2007-2008,* Washington, D.C.: CQ Press, 2008, p. 348.

戦争（すなわち敵の殲滅と無条件降伏により邪悪な体制を打倒し、次いでその地に民主主義と自由の新体制を樹立することを目的とした）とも、単独主義的で秘密主義的で限定的な無数の小介入とも質を異にする対外行動であった。「湾岸戦争」はかくして、冷戦の終焉とともに、新しい世界におけるアメリカの対外介入の定式を提示したかに見えたのである。しかし、はたしてそうであったろうか。

五　二一世紀の対外介入

そこで最後に、ポスト冷戦期のアメリカの対外介入について考える必要がある。

一九九〇年代以降、国際政治においては「陣営対立」という枠組みが消失した。その結果、秩序維持や人道を目的とする国際的な介入は、一国主義的というよりは、多国主義的に（あるいは国連の仲介を通して）発動されることが期待された。むろんそうした介入は、唯一残された超大国アメリカを抜きにしては所期の効果が達成し得ないであろうことも明らかであった。こうして冷戦終結後のアメリカの対外軍事行動は、介入の方法や手段に従来との大きな差はないにもかかわらず、その正当化理由としては二極的なイデオロギー対立よりは人道や人権が前面に掲げられ、その観点からの秩序維持に、世界のただひとりの「警察官」が責任を持つという構図が一般化したのである。すなわち、冷戦後の多国間主義、国連中心主義は、実のところ唯一の超大国を保証人として初めて機能する仕組みにほかならなかった。

すでに述べたように二〇世紀アメリカの対外介入の原型は、おそらく世紀初頭のラテン・アメリカとの関係のうちに最初に示されたと言ってよい。ラテン・アメリカこそはモンロー・ドクトリン以来常に、アメリカによってその勢力圏と見なされてきた地域であった。すでに見たように、この伝統的なアメリカの地域認識の結果、一九世紀末以来のアメリカによるラテン・アメリカやカリブ海への軍事介入は、対等な独立国家間の「戦争」や「他国による軍事的な内政干渉」としてではなく、むしろ一極支配地域における域内秩序維持活動——すなわち「警察権」の行使、警察行動として展開されたのであった。とりわけカリブ海、中米地域はアメリカにとり「国内諸州」と選ぶところのない「準国内」、したがって安全保障（international security）よりは治安維持（internal security）活動の対象地域と見なされたのである。

こうしたアメリカの介入をかりに「ラテン・アメリカ型」と呼ぶとするならば、その一つの特色は、「軍事力」が「警察行動」として発動されるところにある。ひるがえって、冷戦後の世界は、ソビエトという対立「陣営」がなくなったことにより、アメリカにとってはあげてその一極支配に服すべき対象（少なくとも以後、アメリカ型の自由と民主主義が流布定着を見てゆくであろう地域）と見なされることになったと言えよう。その限りで、冷戦の終結は、アメリカにとり「世界のラテン・アメリカ化」を意味したと言えなくもない。こうして世界が、「準国内」になったとすれば、アメリカ人にとってアメリカの軍事行動は、どこで行われようと警察行動と見なされる。つまり実際には戦争であっても、アメリカ人の意識の中では、戦闘は軍事行動としてよりは、当然に守られるべき秩序を維持するための警察行動として意味づけられることになる。冷戦後、頻繁に使用されるようになった「ならず者（国家）」という符丁も、まさに一国的な秩序の破壊をもくろむ犯罪者からの類推を思わせる。

しかし、散発的なゲリラの掃討作戦やテロを防止するための国境管理や警察的な治安維持活動ならばともかく、冷戦以後、海を越えて一〇万以上の軍隊を送って戦われた、湾岸戦争や「九・一一事件」後の対アフガニスタン戦争、対イラク戦争を「警察行動」と呼ぶにはいかにも無理があろう。もし、こうした大規模な対外介入を「ラテン・アメリカ型」の論理では説明しきれないとなると、その正当化には別の論理が必要とされることになる。そこで、改めて強調されたのが、もう一つのアメリカの対外介入の正当化論であるアメリカ例外論あるいは体制異質論であった。

ポスト冷戦時代の世界において、アメリカはすでにかつての伝統的な孤立主義に復帰することは不可能である。アメリカの政治経済的権力が地球大の展開を見せ、アメリカの国内経済社会の繁栄や安定が海外の稀少資源や安価な工業品のグローバルな交易、そして自由な資本の移動を可能にする金融ネットワークを前提として初めて成り立っていることを理解するならば、アメリカの介入はまさにそうしたグローバルな秩序の維持を第一の目的とする以外にない(事実、冷戦のイデオロギー対立の枠が消滅して以後、そうしたグローバルな経済秩序の維持と無縁な地域への介入については、アメリカはかつてほど積極的ではなくなっていると言ってよい)。

アメリカが冷戦の終結後もなお大規模な軍隊を戦闘地域や無秩序地域へと海外展開し、巨額の経済援助を国外に送り続けている理由の一半は、こうした地球規模で存在する国益のネットワークの維持、擁護にあることは否定できない。しかし、アメリカはこの介入と大規模な軍事プレゼンスの必要性を、アメリカ国民に対していかに説得できるのであろうか。

おそらく、世界の各地に散在する個別の小さな敵の存在を挙げるのみでは、その説得理由としては決定的に不足していよう。そこで用いられるのが、「中東民主化」論に典型的に見られるアメリカ型の自由民主主義体制の世界的展開という壮大な目的にほかならない。そこに、世界の隅々まで、アメリカとは異質の（劣った）政治体制下にある国々を、よりよいアメリカ的体制を持つ国に変えていくという、伝統的な体制異質論の長い影を見ることは、それほど的外れではないであろう。

ブッシュ政権の終結を超えて、なおアメリカの指導者の多くが継続を主張している「対テロ戦争」も、その延長上にあることは疑いない。テロリズムは、そこでは個々バラバラな群小の地域的無法者集団としてではなく、アメリカを取り巻くネットワークで結ばれた一体の仮想の国家敵と見なされている。テロリズムはソ連なき後の世界にアメリカが見いだした最大の仮想敵であると言ってよい。事実、アメリカを共通の標的とし国際的に緊密に連携するテロリスト集団はあるかもしれない。しかし、そうした集団が現実にアメリカに及ぼしうる脅威は、アメリカの突出した巨大な軍事力に比して明らかに誇大視されている。とはいえ、この仮想敵を提示することなしに、アメリカ政府は現在の対外介入の妥当性を国内世論に向かって正当化することはできないと思われる。

現代世界におけるアメリカの対外介入は、決してアメリカの狭い国益の擁護だけを理由とするものでも、国外の個々のテロや反米的行動への反射的対応の結果なされるものでもない。また、他のすべての国々の総計に匹敵する額の軍事費とそれによって積み上げられた巨大な軍備が、当然に帝国的介入を引き起こしているわけでもない。そこには、アメリカがその歴史の中で培ってきた世界との関わりにおけるさまざまな（ときに対立的な）自国イメージ、自国の世界史的な役割をめぐる意識や使命感も作用していることが見てとれる。現実の介入政策は、国民の間に広く流布しているそのような意識や使命感を背景として、対外政策の決定過程に関わる地位やポストや部署にあって、それらを体現しようとする人々の論争や対立を経て現実化され実行されてゆくと考えられよう。

参考文献

紀平英作・油井大三郎編（二〇〇六）、『グローバリゼーションと帝国』ミネルヴァ書房。

久保文明編（二〇〇七）、『アメリカ外交の諸潮流―リベラルから保守まで』日本国際問題研究所。

ヘンリー・R・ナウ著、村田晃嗣他訳（二〇〇五）、『アメリカの対外関与―アイデンティティとパワー』有斐閣。

西崎文子（二〇〇四）、『アメリカ外交とは何か―歴史の中の自画像』岩波新書。

古矢旬（二〇〇四）、『アメリカ　過去と現在の間』岩波新書。

武内　進一（たけうち・しんいち）

1962年生まれ、日本貿易振興機構アジア経済研究所アフリカ研究グループ長

専攻：アフリカ研究、国際関係論

主要著作：『現代アフリカの紛争―歴史と主体』（編著、日本貿易振興会アジア経済研究所、2000年）、『国家・暴力・政治―アジア・アフリカの紛争をめぐって』（編著、日本貿易振興機構アジア経済研究所、2003年）、『アフリカⅠ、Ⅱ』（共編著、朝倉書店、2007、2008年）

小副川　琢（おそえがわ・たく）

1972年生まれ、㈶日本エネルギー経済研究所中東研究センター研究員

専攻：国際関係論、比較政治学、現代中東政治経済論

主要著作：「レバノン・シリア関係の展開とレバノン政府の対応（1975–1982）」『地域文化研究』第5号（2001年）、「中東和平問題とレバノンの抱えている２つのイシュー」『中東動向分析』第5巻第1号（2006年）、『憲法に基づく中東主要国体制の比較』（㈶日本エネルギー経済研究所中東研究センター、2006年）

菅瀬　晶子（すがせ・あきこ）

1971年生まれ、総合研究大学院大学葉山高等研究センター上級研究員

専攻：文化人類学、中東地域研究

主要著作：「人は小麦にて生かされる―麦粥にみる、アラブ人キリスト教徒のアイデンティティの表象」*JISMOR* 3（2007年）、『イスラエルのアラブ人キリスト教徒』（溪水社、2009年2月刊行予定）

古矢　旬（ふるや・じゅん）

1947年生まれ、東京大学大学院総合文化研究科教授

専攻：アメリカ政治外交史

主要著作：『アメリカニズム』（東京大学出版会、2002年）、『アメリカ―過去と現在の間』（岩波新書、2004年）

執筆者紹介

石田　勇治（いしだ・ゆうじ）
1957年生まれ、東京大学大学院総合文化研究科教授
専攻：ドイツ現代史、ジェノサイド研究
主要著作：『過去の克服―ヒトラー後のドイツ』（白水社、2002年）、『20世紀ドイツ史』（白水社、2005年）

吉村　貴之（よしむら・たかゆき）
1969年生まれ、東京外国語大学アジア・アフリカ言語文化研究所非常勤研究員
専攻：アルメニア近現代史
主要著作：『コーカサスを知るための60章』（共編著、明石書店、2006年）、Some Arguments on Nagorno-Karabagh History, K. Matsuzato ed., 21st Century COE Program "Making a Discipline of Slavic Eurasian Studies," Occasional Papers No.18, Sapporo (2007)、「アルメニア民族政党とソヴィエト・アルメニア（1920－1923年）」『日本中東学会年報』21-2号（2005年）

廣瀬　陽子（ひろせ・ようこ）
1972年生まれ、静岡県立大学国際関係学部准教授
専攻：国際政治、コーカサス地域研究
主要著作：『旧ソ連地域と紛争：石油、民族、テロをめぐる地政学』（慶應義塾大学出版会、2005年）、『コーカサス　国際関係の十字路』（集英社新書、2008年）

清水　明子（しみず・あきこ）
1964年生まれ、東京外国語大学非常勤講師、法政大学・専修大学大学院兼任講師
専攻：ユーゴスラヴィア史、ドイツ現代史
主要著作：*Die deutsche Okkupation des serbischen Banats 1941-1944 unter besonderer Berücksichtigung der deutschen Volksgruppe in Jugoslawien* (Lit Verlag Münster, 2003),「『クロアチア独立国』におけるセルビア人虐殺（1941–42年）」松村高夫・矢野久編『大量虐殺の社会史―戦慄の20世紀（MINERVA西洋史ライブラリー㊻）』（ミネルヴァ書房、2007年）

天川　直子（あまかわ・なおこ）
1965年生まれ、日本貿易振興機構アジア経済研究所主任研究員
専攻：カンボジア地域研究
主要著作：『カンボジアの復興・開発』（編著、日本貿易振興会アジア経済研究所、2001年）、『カンボジア新時代』（編著、日本貿易振興機構、2004年）

編者紹介

黒木　英充（くろき・ひでみつ）

1961年生まれ、東京外国語大学アジア・アフリカ言語文化研究所・教授

研究テーマ：シリア・レバノン地域の19世紀の歴史を、ムスリムとキリスト教徒・ユダヤ教徒との社会関係の変化に焦点を当てて研究している。現在、レバノンにある「中東研究日本センター」のセンター長を兼ね、東京とベイルートの間を往復している。

主要著作：*The Influence of Human Mobility in Muslim Societies*（編著、ロンドン、2003年）、『「対テロ戦争」とイスラム世界』（共著、岩波新書、2002年）、『世界の食文化10 アラブ』（共著、農文協、2007年）ほか。

【未来を拓く人文・社会科学シリーズ10】
「対テロ戦争」の時代の平和構築――過去からの視点、未来への展望

2008年8月30日　初版　第1刷発行　〔検印省略〕

＊定価はカバーに表示してあります

編者©黒木英充　発行者 下田勝司　印刷・製本　中央精版印刷

東京都文京区向丘1-20-6　郵便振替 00110-6-37828

〒113-0023　TEL 03-3818-5521(代)　FAX 03-3818-5514

発行所 株式会社 東信堂

E-Mail tk203444@fsinet.or.jp

Published by TOSHINDO PUBLISHING CO.,LTD.

1-20-6,Mukougaoka, Bunkyo-ku, Tokyo, 113-0023, Japan

ISBN978-4-88713-857-5　C0330

「未来を拓く人文・社会科学シリーズ」刊行趣旨

少子高齢化、グローバル化や環境問題をはじめとして、現代はこれまで人類が経験したことのない未曾有の事態を迎えようとしている。それはとりもなおさず、近代化過程のなかで整えられてきた諸制度や価値観のイノベーションが必要であることを意味している。これまで社会で形成されてきた知的資産を活かしながら、新しい社会の知的基盤を構築するためには、人文・社会科学はどのような貢献ができるのであろうか。

本書は、日本学術振興会が実施している「人文・社会科学振興のためのプロジェクト研究事業（以下、「人社プロジェクト」と略称）」に属する14のプロジェクトごとに刊行されるシリーズ本の1冊である。

「人社プロジェクト」は、研究者のイニシアティブを基盤としつつ、様々なディシプリンの諸学が協働し、社会提言を試みることを通して、人文・社会科学を再活性化することを試みてきた。そのなかでは、日本のあり方、多様な価値観を持つ社会の共生、科学技術や市場経済等の急速な発展への対応、社会の持続的発展の確保に関するプロジェクトが、トップダウンによるイニシアティブと各研究者のボトムアップによる研究関心の表明を組み合わせたプロセスを通して形作られてきた。そして、プロジェクトの内部に多様な研究グループを含み込むことによって、プロジェクト運営には知的リーダーシップが求められた。また、プロジェクトや領域を超えた横断的な企画も数多く行ってきた。

このようなプロセスを経て作られた本書が、未来の社会をデザインしていくうえで必要な知的基盤を提供するものとなることを期待している。

2007年8月

人社プロジェクト企画委員会
城山英明・小長谷有紀・桑子敏雄・沖大幹